U0866273

亲子规划整理术

养省心孩子，做甩手妈咪

规划整理塾（CALO）著

中国工人出版社

图书在版编目（CIP）数据

亲子规划整理术：养省心孩子，做甩手妈咪 / 规划整理塾著.
--北京：中国工人出版社，2020.9
ISBN 978-7-5008-7478-2

Ⅰ.①亲… Ⅱ.①规… Ⅲ.①幼儿教育—家庭教育 Ⅳ.①G781

中国版本图书馆CIP数据核字（2020）第169640号

亲子规划整理术：养省心孩子，做甩手妈咪

出 版 人　王娇萍
责任编辑　李 丹
责任印制　栾征宇
出版发行　中国工人出版社
地 址　北京市东城区鼓楼外大街45号　邮编：100120
网 址　http://www.wp-china.com
电 话　（010）62005043（总编室）
（010）62005039（印制管理中心）
（010）82075935（职工教育分社）
发行热线　（010）62005996　82029051
经 销　各地书店
印 刷　北京美图印务有限公司
开 本　710毫米×1000毫米　1/16
印 张　17
字 数　206千字
版 次　2020年10月第1版　2021年12月第4次印刷
定 价　78.00元

本书如有破损、缺页、装订错误，请与本社印制管理中心联系更换
版权所有 侵权必究

目录
CONTENTS

序言 / 001

理念篇　什么是亲子规划整理

01　规划整理的基本理念 / 002
02　用价值观引导孩子有意识地生活 / 004
03　通过惯用脑测试找到最适合孩子的整理方法 / 007
04　用四分法提高孩子的决策能力 / 014
05　亲子规划整理的流程 / 017

故事篇　亲子规划整理师与孩子的整理故事

01　蹲下来，我看到了你　/ 030
02　和孩子一起打造新居、迎接新生　/ 044
03　让玩具收纳跟着孩子一起“长大”　/ 056
04　给孩子一个他爱的家　/ 068
05　这样做，孩子会自然而然懂得整理　/ 080
06　每个角落都是乐园　/ 092
07　整理是一门和孩子共同成长的必修课　/ 104
08　亲子整理让爱流动起来　/ 116
09　用整理教会孩子独立　/ 130
10　不会整理的妈妈很难培养出有条理的孩子　/ 144
11　爱 Ta 就陪 Ta 一起整理　/ 158
12　播下一颗整理小种子，就能长出好习惯大树　/ 170
13　孩子的世界，Ta 说了算　/ 186
14　我和儿子一起成长　/ 200
15　通过整理来培养亲子关系　/ 214
16　整理，任何时候开始都不晚　/ 226

工具篇　亲子规划整理实践操作表

01　头脑 7 问　/ 242

02　孩子整理力等级测试表　/ 247

03　亲子整理游戏　/ 249

04　21 天亲子整理打卡步骤表　/ 254

序言

规划整理是对生活乃至人生进行规划，通过整理收纳的方法让人过上更好的生活。规划整理推行的不是简单的家务劳动技能，而是在发达国家已经传承30余年的生活方法论。

作为传播规划整理理念的权威机构，规划整理塾（CALO）是由国内知名整理专家敬子、日本文化专家王菊、家庭教育专家郭岩联合创立的专业整理机构，旨在向社会大众传播规划整理方法（Life Organizing）、培养专业规划整理师（Life Organizer）并普及整理教育。

规划整理塾的理念和方法论得到日本生活规划整理师协会（JALO）的大力支持，由敬子老师带领国内优秀整理师们进行落地迭代创新，与美国整理师协会（NAPO）等数家规划整理协会一起在各国推进整理教育。规划整理塾于2017年在国内开展整理教育事业，截至2020年，已经培育超过200名专业规划整理师，让上千个中国家庭享受到了规划整理教育以及服务。

作为规划整理的重要分支，亲子规划整理不是“整理”和“育儿”的简单相加，而是环境营造、父母自身管理、孩子成长、亲子关系提升等一系列知识和方法论的融合。

从家长的角度来说，规划整理可以培养孩子独立自主生活的能力，让孩子在管理物品和房间的过程中，体会到自己去寻找物品、布置空间的乐趣，提高选择力和决策力；明白属于自己应该完成的事情父母不会代劳，增强责任心和自觉性。如此一来，家长做家务不再是孤身奋战，也不用每天帮孩子找物品，可以显著节省做家务的时间，与孩子共创舒适生活空间。

从孩子的角度来看，不会规划整理就容易丢三落四、做事没有条理，导致大量的时间被浪费在找物品甚至重新购买物品上，不仅干扰了自己的学习状态还会给周围的人添麻烦，不仅浪费了自己的生命还侵占了他人的时间，不仅浪费了金钱还消耗了精力。反之，做好规划整理之后，节省下来的时间是自己的，可以做喜欢的事情；平时不会因为自己的物品和房间乱糟糟而不好意思请小伙伴来玩……

为了让父母们得到良好的亲子规划整理教育、使孩子们接受更好的规划整理教育，规划整理塾于 2018 年立项研发亲子规划整理项目；2019 年开始正式培养并认证了国内首批亲子规划整理师；2020 年与中国工人出版社合作策划，集结数位具备亲子规划整理经验和独特技巧的规划整理师生动呈现亲子规划整理的理念、方法，组织出版国内第一本亲子规划整理书。

亲子规划整理项目是规划整理塾的亮点研发项目，由日本生活规划整理师协会（JALO）提供日本脑整力教练内容和认证，由 P.E.T. 父母效能训练工作坊提供亲子沟通内容和认证，由规划整理塾（CALO）提供亲子规划整理服务、教育内容和认证。获得认证的亲子规划整理师们不仅可以面向家庭提供

△国内首批认证亲子规划整理师

亲子规划整理上门服务，还可以面向社会大众提供妈妈班、亲子沙龙、小学生规划整理班、幼儿园整理班等各项讲座支持。

作为国内第一本亲子规划整理书、规划整理塾（CALO）亲子规划整理课程补充教材，本书不仅提供亲子规划整理的理念、方法，还汇集动人的亲子规划整理故事，讲解对孩子更为友好的空间规划和收纳方式，以及包括衣服、书籍、玩具、文具在内的各种物品的整理方法和收纳技巧，并根据孩子的成长发育阶段、思维习惯特点推荐更为有效的亲子沟通方式引导孩子一起做规划整理，既可以作为整理师学习亲子规划整理的教材，也可以供广大整理收纳爱好者和重视亲子教育的父母阅读。希望读完本书的每一位读者不但收获一个整洁的家，而且培养出更优秀的下一代。

理念篇

什么是亲子规划整理

每一位妈妈都是天生的教育专家，都能在自己的整理实践中摸索出一些经验和方法。

专业学习能弥补经验和认识上的不足，规划整理可以带来正确的理念、高效的方法和专业的流程，更好地帮助完成整理。

理念篇介绍了中国首批认证亲子规划整理师所运用的规划整理理念、方法和流程，不仅可以应用到孩子的规划整理实操中，对每一个家庭的整理提升也非常有效。

01

规划整理的基本理念

对于很多人来说，一提到整理，好像就是把房间收拾得干干净净；一提到收纳，好像就是用很多收纳工具把物品摆得整整齐齐，整理收纳仿佛是一种行为规范，甚至是一种不得不遵守的标准。

整理收纳的确有规范和标准的一面，但是要长期做到在一地鸡毛的生活中真实落地、永不复乱，还需要更具智慧的方法论，倡导尊重、开放、接纳的“以人为本”精神。

哲学家尼采说：“You have your way. I have my way. As for the right way, the correct way, and the only way, it does not exist.”你有你的路。我有我的路。至于适当的路、正确的路和唯一的路，这样的路并不存在。

规划整理倡导的正是这样一种理念——每个人都有适合自己的方法，每种方法都有独特的成因。任何人适应不同的方法都需要花费时间，就整理收纳来说也是一样。

每个家庭由于情况不一样，并不需要遵循“唯一”的正确答案和标准规范来进行整理收纳。对于一个家庭来说，生活的地域、房子的户型、相处的模式、父母的习惯、孩子的性格……各方各面都有自己的特点。聪明的父母不会一刀切，而是会为自己的家庭找到定制化的解决方案。

在本书 16 位亲子规划整理师的故事当中，你可以清楚地看到，在一个孩子身上运用得当的方法，在另一个孩子身上并不奏效。因此，每位亲子规划整理师都发挥了自己的聪明才智，按照自家情况推行了不同的整理收纳方法。

人本主义是规划整理的精神血统。对于亲子规划整理来说，更需要做到以人为本——相比对孩子的物品和房间进行整理，更重要的是对孩子进行“整理”。这就需要你去了解孩子的情感和价值观，掌握孩子的思维特点和行为特征，在尊重、接纳的基础上打造适合孩子并能让孩子独立完成的物品、空间整理方式和技巧。因此，亲子规划整理追求的不是整齐划一的儿童房，而是协助孩子选择适合自己的整理方法和收纳方式。

虽然规划整理倡导以人为本、充分尊重对方，但由于孩子尚未具备成熟的思维和稳定的心智，你可以用规划整理去引导孩子提升能力和培养习惯。学习规划整理之后，孩子可以清晰地表达自己的喜好，了解自己的优势，强化分类思维，提升决断能力、空间理解能力和动手能力，养成物归原位的自律习惯。

整理是自我管理的基本手段之一，规划整理可以协助孩子成为一个具备自我管理能力的人。接下来，本书将用价值观、惯用脑、四分法和全套整理流程带你和孩子一步一步学会规划整理。

02

用价值观引导孩子有意识地生活

简单来说，价值观是指一个人觉得什么东西是重要的。在规划整理中，价值观既涉及你觉得什么物品是重要的、你喜欢什么样的房间，也涉及你在生活中喜欢做什么、在不同事情上设置的优先级和时间、精力投入分配。

显然，“什么东西是重要的”是因人而异的。与成人务实的价值取向相比，孩子对东西是否重要的判断会增加更多情感要素。在父母眼里，某件物品已经没有用了，可是在孩子的心目中，它却是最珍贵的宝物。

亲子规划整理尤其需要理解孩子的价值观，而不能粗暴地以成人的价值观为判断标准。帮助孩子在规划整理之前发现自己的价值观，可以让你清楚地知道孩子重视什么、在意什么，然后通过整理对孩子进行正面影响，引导孩子形成健康的价值观，得到更好的成长。这是帮助你深入理解孩子的一种方式，也是亲子教育的重要内容。

你可以通过“为笔排序”的小游戏引导孩子发现自己的价值观。

△价值观小游戏：让孩子按照自己的喜好为5支笔排序

告诉孩子，现在有5支笔。

第一支笔是充满回忆的笔，是老师在幼儿园毕业典礼上发给每个孩子的礼物，非常有纪念意义。

第二支笔是卡通人物笔，上面印着当下最流行的小黄人、漫威卡通人物等，是在小伙伴当中非常受欢迎的笔。

第三支笔是自己做的手工笔，上面印着自己的名字和自己设计的图形。

第四支笔是高档笔，不仅价格很贵，而且是人人都知道的名牌。拥有一支这样的笔，会让同学们羡慕。

第五支笔是多功能笔，具备圆珠笔、彩色荧光笔、自动铅笔的效果。

问问孩子会以什么样的顺序来排列这5支笔，你就可以知道孩子重视什么以及判断标准是什么。

第一支笔代表重视情感关系。

第二支笔代表重视流行性。

第三支笔代表重视动手原创。

第四支笔代表重视他人认可。

第五支笔代表重视实用性。

在做这个小游戏时，你可以对比自己和孩子的价值观选择，讨论彼此排列顺序和判断标准的异同。

除了做游戏之外，你还可以直接问孩子觉得什么东西比较重要，从而在整理时尊重孩子的价值判断，而不是以自己的主观判断为标准。

03

通过惯用脑测试找到最适合孩子的整理方法

成功的整理与找到一个人的思维特点、行为习惯密切相关。

梳理出孩子的思维特点和行为习惯，能够引导孩子在规划整理的时候找到自己最为顺手、合适的整理方法和收纳方式，从而使整理成果更容易维持；能够进一步了解孩子的思维和行为优势，在教育培养中有意识地引导孩子发挥优势，鼓励孩子发展特长。

有的孩子对数字敏感，有的孩子在艺术方面很有天赋；有的孩子做事一板一眼，有的孩子重视情绪感受；有的孩子喜欢独处，有的孩子喜欢社交……这些特点在一定程度上可以通过惯用脑反映出来。

惯用脑如同惯用手，是一个人在思考和行动的时候不假思索、自然优先使用的脑型。

在大脑运行的过程中，两侧半球会有广泛的联系。大多数人的大脑显示出偏侧优势，比如，左半球在加工分析性信息、局部信息上具有优势，而右半球在加工合成性信息、整体信息上具有优势。

左脑控制身体的右半边，是进行抽象思维的中枢，擅长以理性的方式认识事物，对事物进行有意识的阶段性处理，善于建立日常重复的行为模式和辨别事物的细节。左脑的功能优势主要包括语言表达、分析推理、逻辑思考、文字词汇、计算数字等。

右脑控制身体的左半边，是进行形象思维的中枢，擅长以感性的方式认识事物，凭直觉无意识地接受事物，善于感知来自环境的刺激和辨认空间相互关系。右脑的功能优势主要包括灵感与直觉、影像记忆、图形识别、音乐节奏、艺术创造、空间定向能力、整体把握能力等。

日本生活规划整理师协会（JALO）将惯用脑理论应用到整理收纳中，形成了独特的“惯用脑整理术”。了解孩子的惯用脑是左脑还是右脑，就可以找到对孩子来说比较合适、顺手的整理方法。

一般来说，惯用左脑的孩子更需要整理流程指导，适合把物品收拾起来，保证桌面干净；惯用右脑的孩子则更需要情感鼓励和兴趣带动，适合把物品放在看得见的地方，否则就会忘记物品。

你可以引导孩子按照两个步骤进行惯用脑测试。

第一步：双手交握，看哪只手的大拇指在上。右手大拇指在上表示习惯用左脑输入信息，左手大拇指在上则表示习惯用右脑输入信息。

第二步：双手抱胸，看哪只手肘在上。右手肘在上表示习惯用左脑输出信息，左手肘在上则表示习惯用右脑输出信息。

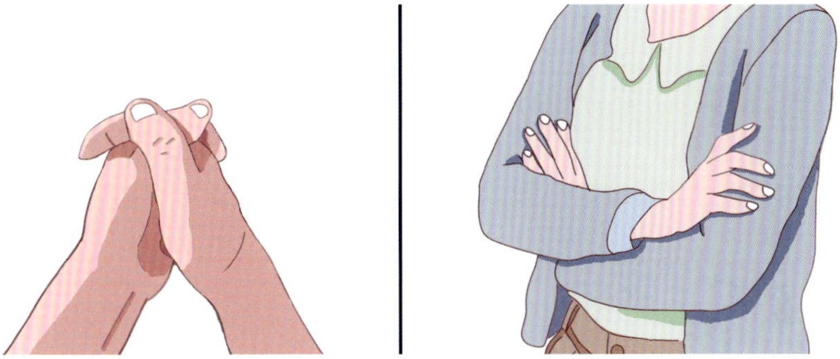

△惯用脑测试的两个步骤。图中显示的是左左脑，即用左脑输入和输出信息

将输入信息和输出信息的惯用脑排列组合后，可以得出 4 种惯用脑型：左左脑，右右脑，左右脑，右左脑。不同脑型有不同的基本行为倾向和整理收纳特征。

惯用脑是了解孩子的思维特点、行为优势和整理收纳偏好的一种手段，并不能决定性地界定孩子是什么样的人。你可以以此为参考标准，但不必给孩子贴标签。

如果孩子在测试中是某一个脑型，但在实操中更喜欢另一个脑型的处理方法，那就与孩子讨论其特点和习惯，以孩子的喜好和在生活中的真实表现为标准，用合适的方法带领孩子做整理。

需要注意的是，孩子处在低龄阶段时，左脑还没有得到充分的发育，因此，对于年龄特别小的孩子来说，可以按照右右脑型的整理收纳特征来进行亲子规划整理。

1. 左左脑：用左脑输入和输出信息

（1）基本行为倾向：

- 做任何事都考虑风险，属于慎重派。
- 喜欢按部就班，习惯于采用熟悉的既有方法。
- 理性，优先考虑功能性、合理性。
- 相比结果，更重视过程。
- 擅长处理数字、算式、文字信息。
- 洞察细微，善于把握细节。

（2）整理收纳特征：

- 喜欢整齐。
- 喜欢让物品不可见。
- 喜欢外形简单、统一的收纳用品。
- 喜欢用标签配合收纳工具进行分类。
- 擅长根据使用频次对物品进行分类。
- 不擅长利用没有区域划分的自由空间。
- 在取舍物品时注重功能性、合理性。

2. 右右脑：用右脑输入和输出信息

（1）基本行为倾向：

- 习惯一心多用，灵活多变。
- 着眼整体，把握全局。
- 感性，情绪丰富，表现力强。
- 擅长处理图案、音乐等艺术性信息。
- 没有兴趣就没有干劲。
- 相比合理性，更重视直觉、情感。

（2）整理收纳特征：

- 擅长根据空间和位置找物品。
- 讨厌精细分类，只对物品进行粗略分类。
- 喜欢快拿快取，对细致摆放不耐烦。
- 不擅长物归原位。
- 喜欢有美感的、可以一眼看到里面装着什么物品的收纳工具。

3. 左右脑：用左脑输入信息，用右脑输出信息

（1）基本行为倾向：

- 追求道理却凭感觉行动。
- 容易纠结。
- 喜欢接受课程、书籍等有结构的信息，但不会照做，而是根据自己的情况调整做法。
- 有自己独特的原则。
- 喜欢原创。

（2）整理收纳特征：

- 对怎么整理收纳有自己的想法。
- 喜欢过段时间就调整物品的摆放方式。
- 喜欢更换收纳工具和家装的样式。
- 容易忘记看不到的物品，需要采用开放式收纳方法，并用颜色或图片标签进行分类。

4. 右左脑：用右脑输入信息，用左脑输出信息

（1）基本行为倾向：

- 喜欢自己决定一切的完美主义者。
- 顽固，觉得自己说得对。
- 动手能力强，但不搭理自己不擅长的事情。
- 容易被最新款、限定款吸引。

（2）整理收纳特征：

- 既追求合理，又注重感觉。
- 喜欢功能性强的收纳方法。
- 喜欢让物品可见，觉得常用的物品会自然“浮上来”。
- 喜欢提前购买收纳工具。
- 空间把握力强。
- 不擅长踏踏实实地埋头收拾。

04

用四分法 提高孩子的决策能力

把物品简单地分成“要的”和“不要的”，容易让孩子犹豫不决，甚至可能令孩子爆发不安感和占有欲，把不确定要不要的物品都归为“要的”。

其实，真实的世界并不是简单的“要”和“不要”、非黑即白。你可以通过三分法、四分法引导孩子掌握复杂的思考方式和多样的处理办法。

你可以用三分法将孩子的物品分为“要的物品”“不要的物品”和“待处理的物品”，留出一个缓冲的空间。随着时间的流逝，孩子就能判定“待处理的物品”是不是自己真正想要的。

你还可以通过四分法将孩子的物品以丰富多样的方式进行分类。在这里推荐可以应用到亲子规划整理中的两种四分法。

第一种四分法是按照喜欢、不喜欢、需要、不需要进行分类，将物品分为喜欢并需要（爱用），喜欢不需要（宝物），需要但不喜欢（工具），不喜欢也不需要（流通）。

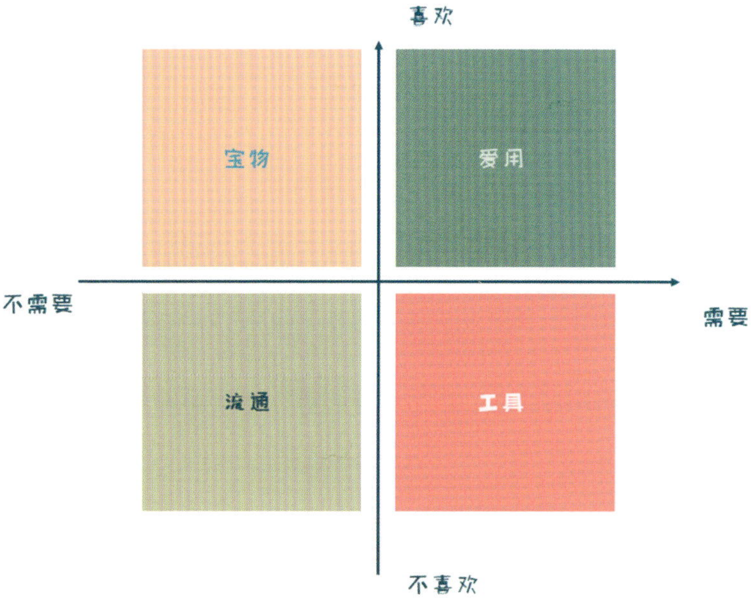

△按照喜欢、不喜欢、需要、不需要对物品进行分类

第二种四分法是用四色布进行可视化分类。这种分类方法是个性化的，每个人都可以根据自己的物品情况分出 4 个类别。比如，可以分为文具、玩具、其他、垃圾，也可以分为学习用品、娱乐用品、收藏品、流通品……

专业的规划整理师在为客户做物品分类时，会用 4 种颜色的布将客户思考好的 4 个物品类别进行具体化、可视化的呈现。每一块布代表一个物品类别，整理时客户只需判断物品所属类别，放到相应的布上即可。

△专业的规划整理师用四色布进行可视化分类

在家里做亲子规划整理的时候，你也可以找 4 块不同颜色的布铺在地上来对物品进行分类。可视化对孩子来说是非常友好的分类方式，你可以把四色布分类法作为一种游戏，提高孩子进行规划整理的干劲。

05

亲子规划整理的流程

掌握了方法，你还需要用正确的流程引导孩子做整理。下面列出的 5 个步骤将带领你和孩子完成整理。

第一步：热身，整理头脑

当你了解了孩子的价值观和惯用脑后，亲子规划整理的热身运动就已经完成了一部分。不过，如果只凭一时冲动去整理，那等兴奋劲儿过了，孩子就不愿意动手做了。因此，在动手整理之前，要先让孩子在头脑里勾画一个大致的蓝图，为整理行动提供持续动力。

你可以引导孩子回答“头脑 7 问”，帮助 Ta 整理头脑、勾画蓝图。

△引导孩子先在头脑里进行思考整理

问题 1：你希望自己的房间变成什么样呢？

问题 2：现在的房间是什么样的呢？

问题 3：为了完成目标，应该怎么做呢？

问题 4：应该从哪里入手进行整理呢？

问题 5：什么时候开始整理呢？

问题 6：什么时候需要完成整理呢？

问题 7：如果整理完成了，自己会是什么样的心情和感受呢？

对于孩子来说，头脑中的整理蓝图非常重要。在实际操作中，家长很容易按照自己的习惯来制定亲子整理目标，但这并不适合孩子，建议初期不要将整理蓝图画得太大，要将孩子的体力、精力以及可执行的状况作为参考标准，把目标定得切合实际、符合孩子的能力，让孩子不会因为整理不力产生挫败感，而是通过一次又一次小小的整理成功逐渐培养并提升自信心和执行力。

之后的工具篇对“头脑 7 问”进行了详细的介绍，而且列出了 4 位亲子规划整理师的使用样本，供你进一步参考。

第二步：行动，拿出物品

开始整理时，你需要拿出空间里与整理目标有关的所有物品。

当整理目标是局部空间（一个小柜子、一个抽屉等）时，那就把里面的所有物品都拿出来。

当整理目标是较大的空间（一个房间、整个房屋）时，那就先以一个局部空间作为起点，逐步拿出各个局部空间的物品。

第三步：整理，筛选取舍

对物品进行分类时，你可以按照之前介绍的四分法来操作。不过，也许你会遇到以下两个难题。

难题 1：孩子要留下的物品太多了，怎么办？

出现这种情况可能有两个原因，需要采用相应的办法来解决。

第一，孩子具有情感需要。对于孩子确定想要留下珍藏但确实不用的物品，可以打包存放在孩子的房间里，也可以存放在专门的储物间里。

第二，孩子爆发了占有欲。首先引导孩子明白再喜欢的物品也有保留上限，必须考虑自己房间里已有的收纳空间是否充足，如果确实放不下，那再怎么喜欢也无法保留；然后进一步引导孩子在喜欢的物品中明确优先级，把最重要、最需要的物品保留下来。

有时候，孩子会觉得一些物品虽然在自己的房间放不下了，但是可以放在父母的房间里。这时就要教给孩子界限原则——每个人的空间都由自己做主，不要为了自己的需求去干涉别人的空间。

难题 2：孩子犹豫不决，不确定是否保留物品，怎么办？

对于孩子不确定是否保留的物品，可以设置一个“暂且”或“待处理”收纳箱。等到半年或一年后，让孩子重新检查这些物品，确认是保留还是流通（转赠、低价出售、联系回收机构等）。

处理这个难题的关键是要设置一个期限。对于孩子来说，经过时间的沉淀，有的物品可能变得更珍贵，有的物品可能就不再需要了。

第四步：收纳，分类摆放

1. 选定物品的“家”

物品的“家”就是物品的固定位置。确认物品放在哪里是最方便孩子使用的。越是常用的物品，越要离孩子的视线近。

最近的物品摆放位置是孩子手边，其次是同一个房间内看得见的地方，再次是同一个房间内看不见的地方，最后是孩子常去的其他地方如学校等。

2. 选择摆放高度

最方便孩子取放物品的高度对应孩子站立时从脖子到膝盖这一部分垂直空间。越是常用的物品，越要摆放在这个空间高度之内。

△常用的物品要放在方便孩子取放的空间高度内

3. 选择摆放方式

孩子在取物品用时是特别有行动力的，但在需要物归原位时往往没有做的动力。因此，进行亲子规划整理时，要选择方便孩子取放的物品摆放方式，不要让孩子觉得将物品归位是一件很麻烦的事情。

（1）在整理文件、作业和书籍时，选择直立式或堆叠式摆放。

△直立式摆放　　△堆叠式摆放

（2）在整理玩具和杂物时，选择隐藏式或开放式摆放。

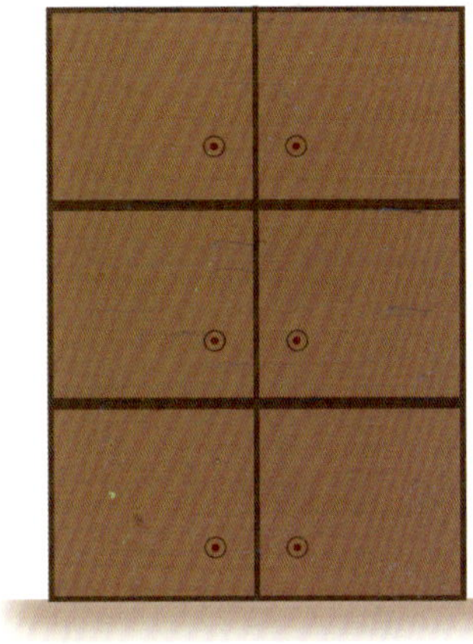

△隐藏式摆放

△开放式摆放

（3）在整理衣服时，选择折叠式或悬挂式（使用衣架或挂钩）摆放。

△折叠式摆放

△悬挂式摆放

（4）在整理书包时，选择桌面式或悬挂式（挂在墙上或门后）摆放。

△桌面式摆放

△悬挂式摆放

此外，你可以引导孩子试试以下 5 个专业规划整理师使用的收纳方法。

（1）抽屉分区法。

用收纳筐将抽屉分区，孩子更容易取放物品和维持整理效果。

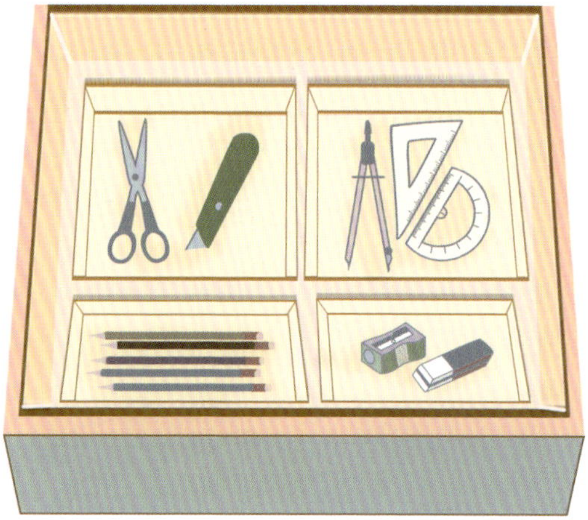

△抽屉分区法

（2）分类收纳法。

用收纳筐对物品进行分类是对孩子比较友好的收纳方法。比如，把游戏机、遥控器、游戏光盘放在一起，把铅笔、橡皮放在一起，把信封放在一起，把玩偶放在一起……

孩子在使用某类物品时，只需拿出相应的收纳筐就可以，取放物品非常方便。

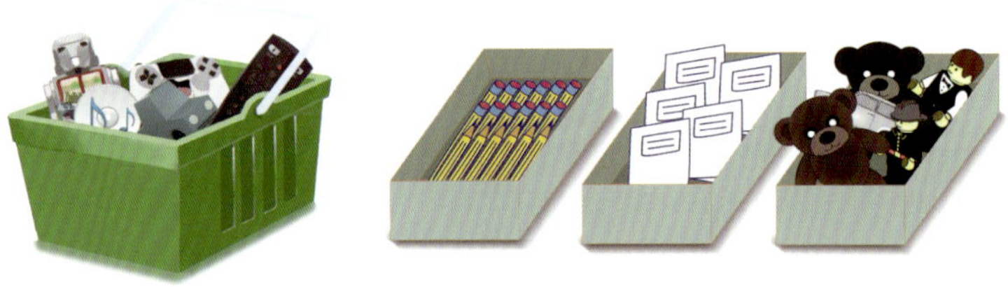

△分类收纳法

（3）直立收纳法。

把物品竖起来，不仅可以高效利用空间，而且相对堆叠来说，取放物品更加方便。

这种直立收纳法不仅可以运用到书籍、文件整理上，还可以运用到小件衣服、碗碟整理上。

△直立收纳法

（4）标签分类法。

对于非透明的收纳筐来说，贴上标签后，不用打开就能知道里面放的是什么物品，节省时间和精力。

你可以引导孩子自己制作分类标签（画图、写字），既能增加规划整理的趣味性，又能激发孩子的参与感和成就感。

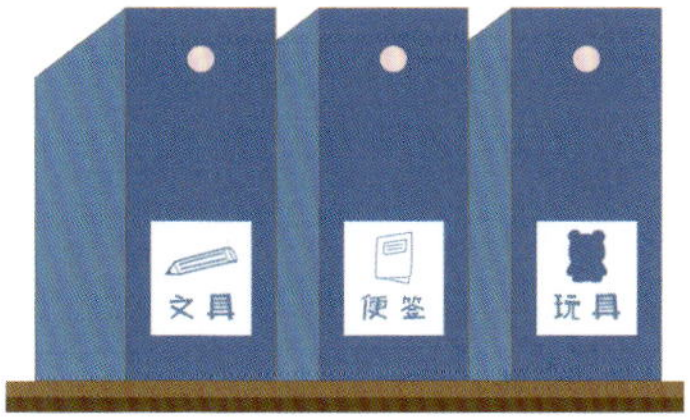

△标签分类法

（5）场景分类法。

对于孩子来说，可以根据使用场景把物品分为在家里用的、在学校用的和在课外班用的。

在整理时，不必管物品属于什么种类，只要确认了使用场所，就可以放在对应的收纳筐里，要到某个场所前，只需拿出对应的收纳筐，就能一次性找到所有相关物品。

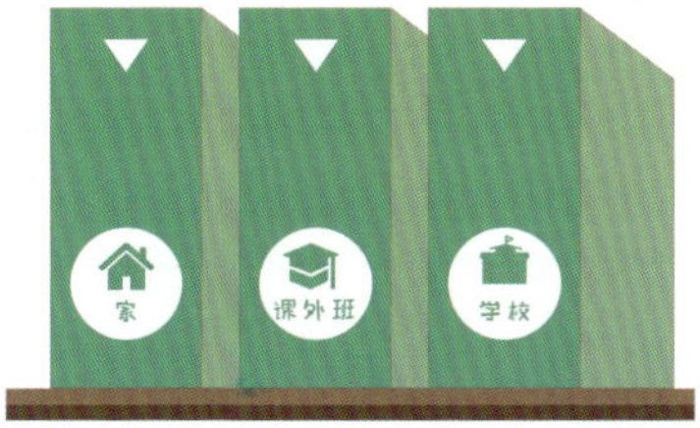

△场景分类法

第五步：收尾，检查微调

收纳完成后，让孩子立刻取放物品，检查有没有摆放不合理、不方便的地方，进行现场微调。

在现实生活中，以下几个注意事项将使整理成果更容易维持。

（1）坚持物归原位原则。

必须让孩子知道将自己用过的物品放回原位，是自己的义务，而不是父母的责任。

（2）不定期调整整理成果。

在生活中按照实际使用需求对整理成果进行调整，并不意味着自己的整理收纳做得不好或者失败，这是优化规划整理方法所需要经历的过程。

△引导孩子检查整理结果是否合理、方便

（3）将孩子已经养成的习惯与整理收纳新习惯结合起来。

比如，孩子每天都按时睡觉，那就邀请他在睡觉前 10 分钟检查整个房间是否都物归原位了。

（4）设定时间周期，给予孩子维持整理成果的奖励。

比如，以一周或一个月为周期，只要在这个时间段内的某一天实现物归原位，就可以奖励孩子一张贴画或手绘贴纸，对孩子的维持成果表示肯定；当积累的贴画或手绘贴纸攒到上限（一周 7 张或一个月 30 张）时，就要满足孩子的一个愿望。

故事篇

亲子规划整理师
与孩子的整理故事

教育孩子是为人父母者获得第二次成长的机会。陪伴孩子学习规划整理、引导孩子养成整理习惯的过程往往是父母从另一个角度深入学习整理并获得成长的契机。

亲子规划整理是非常接地气的家庭活动。对摆得到处都是的绘本头疼不已，追在孩子屁股后面收拾玩具，督促孩子整理好书包，引导孩子自己收拾衣服……这些是有了孩子的家庭每天都会上演的生活片段。

即便是获得专业认证的亲子规划整理师也一样要面对这些生活琐碎。尽管亲子规划整理师是公认的整理专家，但在做亲子规划整理的过程中，她们仍能与孩子一起收获个人成长以及对整理更深的认识。

故事篇精选 16 位亲子规划整理师与孩子的整理故事，不仅阐述了如何规划儿童房、儿童活动空间，还提供了落实在孩子生活和学习方方面面的综合规划整理技巧。

透过这些故事你会看到规划整理是如何陪伴、促进父母与孩子一起成长，又如何为父母带来新的视野，最重要的是，你将在其中看到充分的接纳、认同、启发以及爱。

01 蹲下来，我看到了你

以前的我看到满地都是儿子开心的玩具时，第一反应就是抓狂、吼叫：“赶紧给我收拾好玩具！”但叫天天不应，他要么撒泼打滚，要么假装没听见走开，结果都只能是我自己默默去收拾。

接触规划整理并成为一名规划整理师后，我发现自己和开心都变了：它让我——一个高高在上却焦虑无比的妈妈——逐渐摆脱以往的固化思维，学会主动从孩子的角度出发，通过整理这件事“看到”孩子的世界，get 了“如何用适合孩子的方式协助孩子整理”；它让开心突然某天主动提出“妈妈，我们一起来收拾玩具吧”，突然某天主动跑到水槽边清洗自己的杯子，突然某天回家后把脱下的鞋放在鞋架上……我想，这些都应该是整理“润物细无声”地在我们身上发生了奇妙的化学反应。

在这个过程中，我学会了一件非常重要的“小事”：蹲下来。这不仅是一

达人：荀子

规划整理师（Life Organizer®），获得日本生活规划整理师协会（JALO）和规划整理塾一级认证

规划整理塾三级认证课讲师

擅长情绪与思维整理，致力于儿童心理学与整理学相结合的课题研究，享受与孩子“共同成长”的美好过程

居住地：湖北武汉

居住面积：69 平方米

房屋户型：两室一厅

家庭成员：爸爸　妈妈　儿子开心

我的脑型：左左脑

孩子基本情况：4 岁　混龄班　右左脑

个简单的动作，而且诠释了亲子规划整理中“以人为本”的核心理念，让父母和孩子感受到了爱与被爱。我想，这才是整理的目的。

当初装修时，我们把阳台与客厅合为一体，中间仅用栅栏分隔。开心出生后，我们在客厅一侧专门设置了“开心游乐场”，放置了他全部的玩具和绘本。他经常沉浸在“游乐场”里不可自拔：与托马斯有说不完的话；和奥特曼、小怪兽们有打不完的架；经常说“爸爸妈妈想吃什么？我给你们做！”然后，哼哧哼哧地“下厨”……

来我们家的朋友都会感叹：“开心的‘游乐场’真大啊！”是的，相对于整体房屋面积来说，开心的“游乐场”相当于一个房间了。这么“奢侈”布置的原因主要基于两点：于开心，从空间上体现界限感，通过区域划分建立他的主人翁意识，学会“我的地盘我做主”；于我们，有意识地给孩子更多主导权，“解放我们自己”。因此，除非在阳台晾晒衣物，否则没有开心的允许，我们不会随意进入他的“游乐场”，他也会提醒我们“不要进来”。他在“开

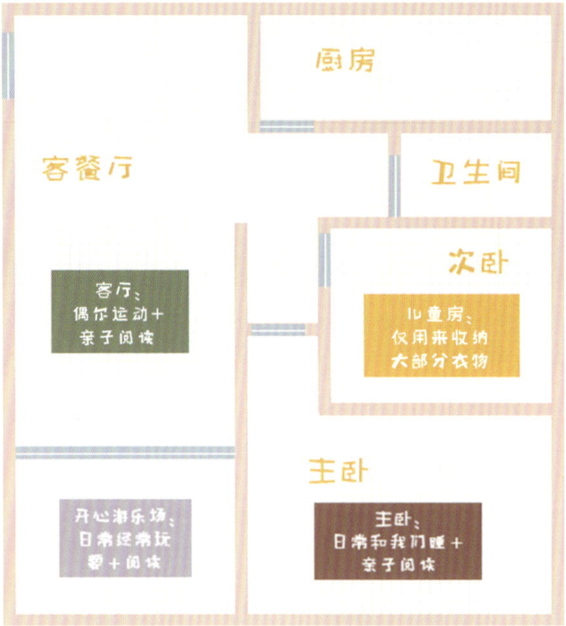

△空间布局“泾渭分明”，有助于孩子从小建立清晰的空间使用界限感

心游乐场”真正实现了“当家做主”。

“开心游乐场”分为两大功能区域：玩乐区和阅读区。开心的大部分玩具都被放置在层板架上，“小厨房”、架子鼓靠墙放，平衡车、滑板车、大型玩具枪则上墙；“现在喜欢看的”绘本被放在落地架上，“不常看的”书则被放在墙体书柜上。两大功能区域的中间是地垫，开心平时就在上面“摸爬滚打”。

当然，有时候开心也会待在客厅，或在摇椅上玩，或看墙书，或在地毯上看绘本，偶尔还会把客厅变成运动场，不停地踢球、跳舞……不过，除了墙书、零食和药品，他的物品不会被收纳在客厅里，在客厅用完后仍然要放回“游乐场”，这也是在提醒他“不要把物品放在不属于它的地方”。

1 “开心游乐场”分为玩乐区和阅读区，中间是供开心“摸爬滚打”的地垫

2 客厅是开心的运动和玩耍区，而非玩具收纳区

△开心非常喜欢玩具店的氛围，他的玩具架就像玩具店的货柜，便于他自行整理玩具

我们有意识地在空间规划上给开心当家做主的权利，在心理上做到"蹲下来"：把自己放在孩子的角度，看到孩子希望被尊重、有自主权，在家里有相对独立、放置自己物品的专属空间的心理需求。

虽然很难保证空间里的所有物品都只是开心一个人的，但我们尽量做到哪怕是某个置物架上的几个格子也尽量只放置他的物品。不侵占各人的空间与生活，享有对自己物品的主导权，这未尝不是一件轻松的事。

开心曾经感慨："我们家要是玩具店就好了！"我想，他是希望把喜欢的玩具都搬回家，享受被喜欢的物品环绕的感觉。因此，我们在物品收纳上特意营造了浓郁的玩具店氛围，同时也便于他自行整理玩具。

放在客厅与"游乐场"中间的"栅栏"是长达170厘米、高达83厘米的

△贴有照片标签的敞口式纸质收纳盒，便于开心快速完成物品取放

4 层置物架，开心不用踮起脚尖、使劲伸手就能轻松取放物品。置物架从上至下收纳了从轻到重的玩具，最上层是个头大但较轻的玩具，第二层是乐高、拼图、小火车及益智类玩具，第三层是系列款及涂鸦类玩具——这是他最喜欢且经常玩的玩具，最下层是相对重的玩具。

置物架上的收纳工具是轻便的可折叠纸板文件盒、木篮、PP 盒等，无须花大力气搬动；大部分收纳工具都是无盖的，一眼便可看到物品，只需“拉出来”一个动作便可轻松取放物品；考虑到开心的右脑特质，我们还在收纳盒的表面贴上了所装物品的照片，便于他更快速地完成物品取放。

开心习惯于按自己的方式分类摆放经常玩的玩具。比如，在一个筐子里混放奥特曼、怪兽玩具及系列胶贴；在置物架的第二层设置“停车库”，整齐地摆放或摞放着一辆辆托马斯火车、消防车、警车；用一个篮子专门收集捡回

1
—
2

1　所有关于奥特曼的玩具都被放在敞口筐子里，方便即看、即拿、即放

2　收纳“大自然的馈赠”的专属篮子

来“收藏”的树枝、石头，他给这个篮子取名为“大自然的馈赠”。

挂起来，是节省空间的收纳方式之一，对孩子来说也比较友好。男孩子喜欢枪，尤其是中大型冲锋枪，时不时就拿起来玩，所以枪的收纳一定要好拿好放，并且不占据太大的空间。怎么办？很简单，挂钩用起来！放上去时只需把枪的扳手挂在挂钩上，拿下来时只需做一个往上提的动作。这对开心来说，毫不费力就完成了高效收纳；对我们来说，也“解放了我们自己”！

现在的娃都有平衡车、滑板车，但这些车放在地上真的太占位置，也阻碍日常动线，所以我们就让车上墙了。我用的是宜家挂自行车的挂钩，开心要玩时，由大人拿下来即可。这样一来，本来会被浪费掉的空间就得到了利用。

△碗碟架变身拼图收纳架

1
2

1 平衡车、滑板车、玩具枪统统上墙不占地

2 只需做一个动作就能轻松完成玩具枪的取挂

“开心游乐场”的常态是“乱”。其实，“乱”是带有评判意味的，实际上是谁觉得乱呢？开心并不觉得乱，而我们大人看到满地都是大大小小的玩具时，第一反应就是用“乱”来判定那是不好的状态。

每当这时，我就跟自己说试试“蹲下来”吧！只要在心里“蹲下来”，看着开心沉浸在自己的世界里，我就释然了——大人认为的“乱”在孩子心里却是被自己喜爱的物品包围的幸福感和安全感。

当初我们在装修时预留了儿童房，但因为需要老人带孩子，所以儿童房就给老人用了。现在开心长大了，我和先生也有更多的精力照顾他，儿童房便要“回归本位”了。首要的事就是把开心的大部分衣物转移至此。这样做的目的并不是让他马上和我们分房睡，而是希望他通过每天必须去自己的衣

△大人认为“乱”的地方，却是孩子最放松、最快乐的天地

柜取放衣服的刻意练习来熟悉自己的房间。不过，开心每天要换的内衣裤仍收纳在主卧，方便他洗完澡后穿脱。

△分区明确、方便取放的儿童衣柜

我们让开心在靠墙的落地衣柜和榻榻米衣柜中选择其一作为自己的衣柜，可能是因为爬上去很好玩，他选择了榻榻米衣柜。

衣柜从上至下收纳了他的床品、当季衣物和过季衣物。衣柜的黄金区分为挂区和叠区：下层为挂区，方便他取放衣服，并设有隐藏区域收纳过季衣物；中间层为叠区，收纳当季衣物，换季时只需互换收纳盒即可——由于目前开心的衣物数量并不需要利用纵向空间，而且为了让他对自己的衣物一目了然，方便他自行选择衣物，我们使用了敞口式收纳盒，并将其背靠伸缩杆向外倾斜摆放。

我发现，不论是规划衣柜还是“游乐场”的具体收纳方案，只要我在心理上“蹲下来”，就都能从开心的角度出发，找到便于他轻松完成整理收纳的方法。

协助开心做整理，我有两个秘诀：说“孩话”，做“戏精”。

以前，我只会用“去收拾一下”这样的话语让开心进行整理，但其实他压根不知道什么叫“收拾”，因为我从来没解释过“收拾”是什么，得到的结果当然就是徒劳无功。后来，我试着把“收拾”进行具体化描述：“把 ×× 放回到 ××× 盒子（描述盒子的外观）里吧！”这句话就像被施了魔法一样，让他瞬间明白我想让他做什么。

△便于开心日常穿脱衣服、挂放物品的玄关设计

然而，另一个问题来了——说了这句话，开心不一定就乖乖照做。有好多次，他都说：“妈妈，你和我一起整理吧！”以前他说完这话，我的第一反应就是：“哼，你就是不想整理嘛！”但他的内心 OS 可能是：“这么多玩具，我一个人搞不定啊！”其实，他是在向我发出求助信号呢！我怎么就没看到呢？

我们往往在想要孩子配合自己完成一件事情的时候忽略孩子的情绪，但情绪才是应该在第一时间得到处理和消化的啊！后来，开心再提出类似要求时，我非常乐意陪他一起整理。我们一起整理的效率非常高，因为每个物品都有自己的位置，我们也都清楚应该如何对物品进行分类，所以很快就能整理完毕。我们曾经做过计时，只花了 3 分钟就把满地的玩具收拾整齐了。

有时候，我会采用“戏精”的做法——进行人物扮演和游戏比赛，来让开心进行自主整理。开心喜欢托马斯，我就告诉他：“你看，现在天都黑了，托马斯也要回提茅斯机房睡觉啦！”他就会马上把小火车放回置物架上。在他没有动力去收拾玩具时，我就会提议进行“谁最快，谁就是冠军”的比赛，并故意放慢速度来示弱，他就会特别有干劲，最后当然是他获胜啦！有时，我还会提议玩投篮游戏（只限重量轻的防摔物品），谁先投完，谁就是第一名。如此一来，游戏玩了，整理也完成了，更重要的是，大家度过了美好的亲子时光！

前段时间，我们家终于挪走了一直没有“物尽其用”的沙发，如此一来，客厅多出了很大的空间。一个晚上，我们讨论如何将其规划成开心的运动空间时，先生把“开心游乐场”的一块软垫移到客厅想看看效果，结果开心冷不丁地问道：“我可以把篮球架放过来吗？”当时我们都愣住了，看来小家伙早就在心里盘算好了！

征得我们的同意后，开心便自己把玩具篮球架搬了过来。按照以前的习惯，放好篮球架后，他就要立刻打篮球了。这次却发生了这样一幕——他同时做了两件事，而且是规划整理师会做的事——整理“开心游乐场”，规划客厅空间！当时，我和先生的表情空前一致：张大了嘴巴，瞪大了眼睛，对他的变化感到难以置信。

△有了合理的规划，不需要大人帮忙，开心就能轻松取放物品

我突然意识到，其实在不知不觉中，开心已然在内心建立了自主意识和秩序感，而我们大人要做的就是“蹲下来”，看到他，尊重他；进行换位思考，从他的角度去看问题、解决问题；少插手，给他自行处理的空间，然后静待花开。

在规划整理这件事上，我始终认为言传身教是最好的教育。只要大人做好日常整理，孩子就能感受到整理的魅力。千万不要以为孩子看不到、学不会哦！

当整理这件事让孩子和大人都觉得不再拧巴，每个人就会感受到家人的爱和家庭的温暖。

这才是整理最有魅力的地方。

02 和孩子一起打造新居、迎接新生

从全职妈妈到全职整理师，我不仅收获了成长，还给我的家人带来积极的影响。

我的儿子灿灿已经 5 岁了，我这个“懒妈妈”时常感到无比轻松。每天从早上起床、出发上学到下学归来、晚上入睡，我为他做的事情主要是辅助刷牙（牙医建议家长干预到 8 岁）、放洗澡水、讲故事，其他事情则都由他自己来做——回家换鞋、换衣服、洗手，玩玩具、收玩具，拿浴巾、自己洗澡，关小灯、睡觉……每一件事情他都清楚地知道如何做，流程与规则已经在他心中建立得很完善了。

如今，我的女儿暖暖已满 7 个月。我相信，她也会成为像哥哥一样的自我管理小能手。

达人：纾瑶

规划整理师（Life Organizer®），获得日本生活规划整理师协会（JALO）和规划整理塾一级认证
规划整理塾三级认证课金牌讲师
规划整理塾上门导师
日本生活规划整理师协会（JALO）和规划整理塾认证亲子规划整理师

一位“处心积虑”培养孩子拥有自理能力的妈妈

居住城市：石家庄
居住面积：90 平方米
房屋户型：两室一厅

家庭成员：爸爸　妈妈　儿子灿灿
女儿暖暖
我的脑型：左右脑
孩子基本情况：灿灿：5 岁　幼儿园　右左脑
暖暖：7 个月

孩子的好习惯并非一日养成，其间还会出现反复倒退的现象，但只要坚持去做并用对方法，就可以终身受益。

育儿先要育己，在整理这件事上也是如此。家长首先要做好示范，让孩子在潜移默化中获得成长，然后为孩子提供便于 Ta 自己动手管理的环境条件，最后采用恰当的方法合理地引导孩子尝试去做，让孩子不断提高自我管理的能力，为成长过程提供持续的支持力量。

我们入住不久的新居是一套比较新的二手房，购买时带有简单的装修，尽管达到了入住的标准，但很多设计并不符合我们家的生活习惯。基于以人为本的价值观，我和家人商议对房子进行重新装修。

在装修设计之初，通过俯瞰房屋结构和梳理生活习惯、活动动线、物品情况，我进行了全面的思考与规划。作为孩子的妈妈和此次装修的主导人，

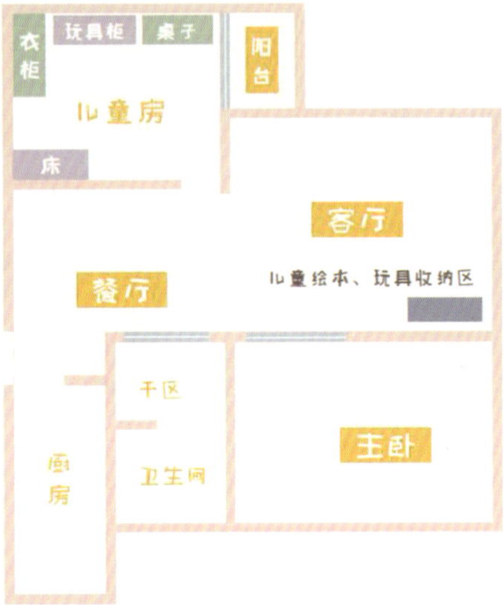

△整个房子的空间规划图

我深知一个友好的环境是培养、提高孩子自我管理能力的重要基础，因此，我在装修设计时更多地考虑为孩子独立使用提供支持、创造条件。

我不仅总结了灿灿现有的生活习惯，还罗列出我期望他养成的生活习惯，然后根据他进门、玩耍、休息、做家务、盥洗、出门等一日活动里的所有行为，做了很多符合他的习惯、方便他使用的空间规划设计。

我将灿灿进门、出门需要用到的一系列物品放在了门口动线最优、高度适宜的地方，方便他自己脱换鞋子、衣裤，取放书包、帽子、口罩等。

根据我们家的生活习惯，灿灿回到家要换睡衣，并将脏衣服放入洗衣机或脏衣篮。因此，我在儿童房的小阳台上放置了洗衣机，并在洗衣机下方加上了高台，不仅方便灿灿使用，对大人来说也不用弯腰操作。我还在洗衣机内对面放置了脏衣篮，方便灿灿放入不必马上洗的脏衣服。

1
2

1　有了符合灿灿行为习惯的空间规划设计，灿灿可以自己准备出门事宜

2　在洗衣机下方加上高台后，灿灿可以自己将脏衣服放入洗衣机

△由于卫生间盥洗区太高，灿灿拿出小凳子准备站上去洗漱

儿童房的阳台之前就用来放置洗衣机，装修时我又扩充出一个盥洗区，一是用来手洗部分衣物，二是等灿灿再大一点可以在这里独立洗漱。为了和房间做出区分，我将阳台做成了封闭空间，并选用了透明玻璃门，不影响房间采光。

为了满足多人同时使用卫生间的需求，我将原来的卫生间进行了扩充，在外部打造出独立的干区。由于目前卫生间盥洗区的高度不适合灿灿使用，我在盥洗池下方放置了轻便防滑的小凳子，灿灿洗漱时拿出来站上去即可。

我将灿灿原来的小床、玩具收纳柜、衣柜、书桌都放到了儿童房里，根据他的起居活动动线进行规划定位，形成了睡眠区、衣物收纳区、玩具收纳区和学习区。

虽然有了自己的小天地，但更多时候灿灿还是喜欢和我们大人在一个空间活动。于是，客厅就成了全家人互动休闲的最佳场所。为了给灿灿留出更多的活动空间，客厅没有摆放茶几。我在沙发旁添置了 3 层推车，形成一个玩具区，灿灿和我们一起互动玩耍的玩具就放在这里。

装修期间，暖暖到来。我一边打造新居，一边孕育新生。2019 年 11 月，我们入住新居，肚子里的暖暖也有 8 个月了。我开始陆续准备各种新生儿用品——基于养育灿灿的经验，我清楚地知道哪些是新生儿真正需要的物品。灿灿从出生到 4 岁都是和我们一起睡大床，暖暖也必然和我们住在主卧。于是，我将暖暖的必用物品分类放置在 3 层小推车里，方便随时随处取放。

灿灿的衣物集中收纳在儿童房的两个“衣柜”里。出于环保的考虑，“衣

△灿灿的儿童房分为睡眠区、衣物收纳区、玩具收纳区和学习区

1
—
2

1　为了给灿灿留出更多的活动空间，客厅没有摆放茶几

2　暖暖的必用物品被分类放置在主卧的 3 层小推车里

柜”是由原来的书柜、餐边柜改造而成的，不仅柜体高度合适，而且是敞开式柜体设计，方便他取放衣物。

拆卸原有层板、添加伸缩杆后，书柜被分成了两层，上层挂厚外套，下层挂薄外套，换季时将上下两层的衣服直接调换即可。餐边柜则被划分为一个挂当季内搭上衣的挂衣区、两个放置收纳筐的层板区——上层用灰黑色收纳筐放置外裤和秋裤；下层用白色收纳箱放置睡衣和第二天要穿的内搭衣物，用大号 PP 抽屉放置秋衣、围巾和手套，小号 PP 抽屉则用来放置袜子和内裤。

餐边柜的上方用大的灰黑色收纳筐放置了床品，主要由我来管理；柜体侧面贴有挂钩，用来挂灿灿第二天要穿的外搭衣物，方便他起床后直接拿来穿，节省了不少时间。

完成衣物分区分类收纳后，我带着灿灿一起认识标签，并让他自己对应贴好标签，清楚地知道每个物品在什么位置，实现他自己管理衣物的目标。

除了对所有衣物进行分区分类收纳，我还特别注意尽量不给灿灿买太多衣物。因为每日要穿的衣物都是由灿灿自己来选择的，如果给出太多选择，

△灿灿的衣柜由书柜和餐边柜改造而成

△餐边柜分为挂衣区和层板区

△灿灿为收纳好的衣物贴标签，方便他自己管理衣物

他反而觉得困扰。要想让孩子轻松管理所有衣物、快速做出穿搭选择，其实保持够换的衣物数量即可。

灿灿的绘本不算太多，而且经常进行流通——我定期让他选出一些不会再看的绘本，或者拿到幼儿园跳蚤市场转卖，或者送给他的表妹。

根据灿灿的阅读习惯，我将绘本收纳到两个空间，一个是儿童房，一个是客厅。

儿童房里只放了三四本绘本，每晚睡前，灿灿都会拿出其中一本和我们进行亲子共读，重复阅读一段时间后再调换新的绘本。我当初特别选购了菜板架作为儿童房的绘本收纳工具，因为可以正好放下三四本绘本，不会出现越放越多的问题。

1
2

1　放在儿童房的绘本用菜板架来收纳，防止越放越多

2　放在客厅的绘本用文件盒、书立和碗盘架来收纳，防止难拿出或全倒下

客厅沙发对面的两层敞开式柜格里放着灿灿的大多数绘本。当初定制柜子时，我就将这个区域设计成方便灿灿取放的高度，并且使用敞开式隔层，让他一眼就能看到所有物品。我和灿灿一起对这些绘本进行了分类——巧虎绘本、英文绘本、其他绘本，并将一些不常看的绘本进行隐藏收纳，过段时间就根据新的阅读需求进行调换。这里的绘本收纳工具是文件盒、书立和碗盘架，让绘本不会因太紧而难拿出，也不会因松动而倒下。

要想做好亲子规划整理，家长首先应当具备良好的规划整理思维，打造适合孩子的整理收纳环境，并通过言传身教去影响孩子。

当然，家庭教育讲求因材施教，每个家长都必须了解自己的孩子处在什么阶段、适合怎样的方式，不要试图用一种招式粗暴对待孩子的成长。

灿灿的幼儿园每个月都组织跳蚤市场活动，让小朋友们把自己不需要的玩具、绘本拿来销售。刚开始，灿灿非常拒绝销售自己的玩具、绘本，总是说“还有用”。我尊重他的决定，也从不做要求，所以每次我们都是只买不卖，而且他非常珍惜买回来的玩具，能玩上好一阵。

一个周末，灿灿在家玩玩具，由于拿出来的玩具太多，“归位工程”很大，他一边收拾一边念叨：“哎呀，玩具太多了，收起来好累呀！我要把这些不喜欢的玩具都拿到跳蚤市场卖掉，不然，这么多玩具会让我收拾得好辛苦……”我心中窃喜，灿灿终于在自己动手整理中体会到了物品太多的苦恼。

教给孩子规划整理，不仅要让孩子知道如何管理自己的物品，更要让孩子提高对物品、空间的认知能力和生活思维方式。

在生活中，灿灿做出的行为、说出的话语常常让我既意外又惊喜。我想，

△有了规划整理意识后，灿灿玩完玩具就会主动归位

△在动手整理中体会到物品太多的苦恼后，灿灿在跳蚤市场售卖玩具

这就是规划整理的种子被滋养、在长大。

家里有一个长长的鞋拔子，一直被我的先生收在鞋柜里。有一天，灿灿拿鞋拔子的时候觉得不方便，便和我们说：“以后把鞋拔子放在鞋柜侧面吧！既能一眼看到，又能方便取放。”我们试了一下，发现这确实是一个很好的建议。

有一次，我带灿灿逛超市，准备买一些奶酪。柜台前的推销员热情地告诉我们买两袋奶酪就送一个运动水杯，灿灿居然说：“阿姨，我不需要运动水杯，我家有水杯……”最后，我们选了两袋奶酪，但没有要赠品。

如今，灿灿对家中物品的位置了如指掌。比如，家里来了食品快递，他知道去哪里拿开箱子和开食品袋的剪刀。只要是我们放心让他使用的工具，都会被放在适合他身高的位置，方便他取放。

可见，打造对孩子友好的居家环境，孩子就可以轻松实现自我管理。要知道，不是孩子做不到、做不好，而是家长自己没有规划好、设置好。

03 让玩具收纳跟着孩子一起“长大”

丰子恺曾说：“大人与孩子，分居两个不同的世界。儿童对于人生自然，另取一种特殊的态度。”

我是一个擅长整理的人，但我发现儿子小九在整理上和我有着天壤之别。他对空间的需求、对物品的认知、对生活的态度，都和我太不一样。更重要的是，他一直以一种肉眼可见的速度在“长大”，不论是思维方式，还是行为能力，都是如此。有时，我甚至惊奇地发现，仅仅是一觉醒来，他对某个事物的看法就和昨天不一样了。所以，如果一定要我说出亲子规划整理的特别之处，那就是两个字：变化。

有了孩子的家，无法再像当初二人世界那样——只要经过认真整理，就可以长时间保持稳定的状态——不论是布局、家具，还是整理、收纳，都要跟着孩子一起“成长”，否则就无法很好地配合孩子当下的需求。虽然这个过

达人：蚂小蚁

规划整理师（Life Organizer®），获得日本生活规划整理师协会（JALO）和规划整理塾一级认证

规划整理塾三级认证课金牌讲师

规划整理塾上门导师

日本生活规划整理师协会（JALO）和规划整理塾认证亲子规划整理师

“没有标准答案的生活”的践行者，一直“跑在孩子后面”的懒妈妈

居住城市：北京

居住面积：78 平方米

房屋户型：两室一厅

家庭成员：爸爸　妈妈　儿子小九

我的脑型：左右脑

孩子基本情况：5 岁　幼儿园大班　右左脑

程有一点折腾，但不得不说，也是其乐无穷的。

3 岁以前，小九没有上幼儿园，每天大部分的时间都在家里度过。那时的他对世界充满好奇，但还不能很好地识别安全风险，在心理上对大人的依赖也比较多。因此，和大人共享一个空间，可以满足我们双方的需求。即使大人在做家务，但只要他在大人的视线范围内玩耍，也就可以很方便地照看他。

不过，即使是共享一个空间，也是有“边界”的共享。客厅的沙发旁边是小九的专属游戏区，以儿童玩具架为分界；玩具架的旁边是柔软的地垫，他可以在上面“摸爬滚打”。当他把玩具丢到家里各处的时候，我们会拾起来放回他的专属游戏区里，即使没有整理好，也不会影响公共区域的日常生活。

3 岁以后，小九上幼儿园了，周中每天晚上才回到家里，周末也要外出学习游泳和英文，待在家里的时间变得很少。后来，我们一家三口搬到了现在

1/2

1 儿童房选用了低矮的家具，并将物品靠墙摆放，留出充足的活动空间

2 儿童房的空间规划图

这个新家，我决定把两个卧室中的一个打造成儿童房，专门给小九使用。

由于小九还和我们睡在同一个卧室，儿童房只用满足他玩耍和学习的需求就可以了。儿童房里的大部分家具都选择了尺寸比较低矮的款式，让小小的他感到更加舒服和放松，而且所有家具、物品都靠墙摆放，给他留出了充足的活动空间。

儿童房靠近窗户的位置是小九的游戏区，阳光正好，空气新鲜。两个玩具柜被摆成L型，方便他拿出玩具，在地垫上尽情玩耍。小玩具柜旁边是一把儿童阅读椅，他闲来无事时可以坐在上面翻看小书。

儿童房的学习区设在背对玩具区的位置，配有独立的光源。小九学习时看不到身后的玩具，不会被分散注意力。

打造儿童房时，我们希望给它的小主人——小九以足够的尊重，因此，里面没有放入任何大人的物品。很多人会说，这么小的孩子就独自拥有一个与大人卧室同样大的房间，真是太浪费了！大人的东西放不下时，就不能先借用孩子的房间吗？

著名教育家孙瑞雪说，帮助儿童保护了自己的东西、建立了安全感，他才会去把这种规则变成内在的秩序和规则。对于孩子来说，这种不被侵犯的“边界”正是他们建立责任感的基础。当他能感受到“这是属于我自己的房间”时，自然就会想要管理好它。

虽然小九拥有一个完全属于自己的儿童房，但他依然需要和爸爸、妈妈度过快乐的亲子时光。于是，我们常常在客厅温暖的地毯上、低矮的圆儿上下棋、聊天、看书、玩游戏……尽管有的时候只是各干各的互不打扰，但也

1/2

1　背对玩具区的学习桌，不会分散小九的注意力

2　小九和我们在客厅共度相互陪伴的时光

是一种相互陪伴的幸福。

任何时候问小九想要什么，他的回答都是两个字：玩具。有的家长觉得玩具就是用来娱乐消遣的东西，只有课本和书籍才是对孩子有益、有用的。这是用大人的价值观代替孩子做判断。其实，在锻炼孩子各种能力方面，好玩具的作用并不亚于一本好书，甚至可以带来更好的体验。对于小九来说，玩具是他最亲密的伙伴；对于我来说，玩具收纳是亲子规划整理的最大主题。

对于成年人来说，收纳盒既可以是封闭的，也可以是开放的，只要符合自己的习惯就可以。但 6 岁以下的孩子是以右脑思维为主导的，对于他们来说，看不见的东西就等于不存在了。因此，要尽量让 6 岁以下的孩子使用开

△儿童房的游戏区铺有地垫，呈 L 型摆放玩具柜

放式收纳盒，不用每次都翻来翻去，就能直接看见里面装的是什么，归位时也只用“扔”进去就可以了。我使用的是宜家舒法特儿童玩具柜，配上开放式玩具收纳盒。从 3 岁开始，小九就可以做到自己拿取和归位玩具了。

孩子的玩具是非常多样化的，从一颗小珠子到一架小钢琴，大小不等，形式各异。如果我们把特别小的玩具放在大收纳盒里，就很难再找到了；如果把数量特别多或者体积特别大的玩具放在小收纳盒里，没放几个就得找一个新盒子，同类物品不得不分散在多处，用起来就会很麻烦。

因此，在整理收纳之前，首先要观察同类玩具的体积和数量，不同体积的玩具对应放入不同尺寸的收纳工具里。

从几个收纳盒到玩具柜，再到现在的儿童房，我们家的玩具收纳方式随着小九的成长一直在调整。

拿乐高收纳为例。一开始，小九总是自己随意拼接乐高，拼图、拼出来的都是尺寸特别小的模型。那时的他还没有能力按照材料的颜色、尺寸进行分类归位，每次玩完都是将乐高一股脑儿装进一个大盒子里。

△开放式玩具柜和收纳盒，方便小九自己使用

从4岁起，小九就开始按照图纸拼接一些非常复杂的大模型，拼好后就不会再拆开，需要进行长期展示，于是我专门增加了乐高展示区。

现在小九5岁了，我发现他可以对材料进行简单的分类，总是很有耐心地把人偶摆成一小堆，再把轮胎摆成一小堆……于是，我在大收纳盒上方增加了设有分区的小盒子，兼顾粗略收纳和大致分类。

我想，等小九再长大几岁，说不定就可以非常细致地管理各种乐高零件了，到时候我就给他准备一个可以按照不同颜色和形状进行精细管理的收纳工具。

管理玩具的“硬件”由我来提供，“软件”则需要小九充分参与——筛选、分类、整理、收纳……都要带着他一起完成。当我尝试和小九一起筛选物品的时候，我发现他对待玩具的态度是非常捉摸不定的。

有的时候，小九非常追求完美。如果发现某个汽车掉了一个轮子、某块积木缺了一个角，他就会立刻扔到垃圾桶里。我看着非常心疼，明明还是很新的玩具，只要稍微修补一下就能继续玩，他居然就直接扔掉了。

有的时候，小九又非常念旧，即使有的玩具已经破破烂烂，完全没有办法再玩了，他还是当宝贝一样喜欢。

一位育儿专家曾对我说，想要理解孩子不难，想想你是孩子的时候是什么样就行。

是啊，小时候的我不也像小九一样，对妈妈买的精致洋娃娃无动于衷，却对自己在楼梯口捡到的一个小纸袋情有独钟吗？

大人在看待物品的时候，总是人为地赋予很多“意义”——是不是大品

1/2

1　量多的大件玩具放入大收纳盒里，以免分散

2　零碎的小件玩具放入小收纳盒里，以免丢失

△乐高展示区用来摆放小九按照图纸拼接的各种复杂模型

△乐高的收纳方式随着小九的成长不断调整

牌，是不是花了很多钱，是不是对智力开发更有益……但对孩子来说，物品就是物品本身，要不要一个玩具的唯一理由就是自己喜不喜欢。

整理玩具时，我和小九用规划整理的四分法对玩具进行筛选：

首先，把玩具全部摆出来，让他按照自己喜欢和不喜欢分成两堆。

其次，我按照我喜欢和不喜欢从里面分别挑选，于是形成了 4 个类别："妈妈和小九都喜欢""妈妈喜欢小九不喜欢""小九喜欢妈妈不喜欢""妈妈和小九都不喜欢"。

最后，把我们都不喜欢的玩具（奇怪的是，都不被喜欢的它们为什么会在这里）直接打包流通出去，把我们都喜欢的玩具留下并放在最方便取放的位置，分别从"妈妈喜欢小九不喜欢"和"小九喜欢妈妈不喜欢"中挑选一部分玩具放到方便取放位置的剩余空间，剩下的玩具则都放到不那么好拿的高处或者深处。

经过这样的筛选，留下的玩具就能既尊重孩子的喜好，又让妈妈实现对孩子的引导。

在亲子规划整理中，最重要的是养成日常归位的好习惯。

有一次，我们从外面玩到很晚才回家。看着乱成一团的儿童房，我说："休息吧，不用整理了。"没想到小九说："不行，必须要整理好！我先去休息，爸爸你帮我整理一下！"爸爸只好哭笑不得地收拾起来。

有的时候，小九说："妈妈，你和我一起整理一下吧！"我就会立刻放下手中的活儿，和他一起行动起来。

有的时候，小九也能自己一个人默默地把房间收拾得干干净净，完全不需要我们督促。

很多妈妈问我，小九是不是每天都自己把房间收拾得整整齐齐？整理师的孩子是不是都是勤劳的标兵？

其实，孩子的心智有其自然发展的规律。在收纳这件事情上，我们要做

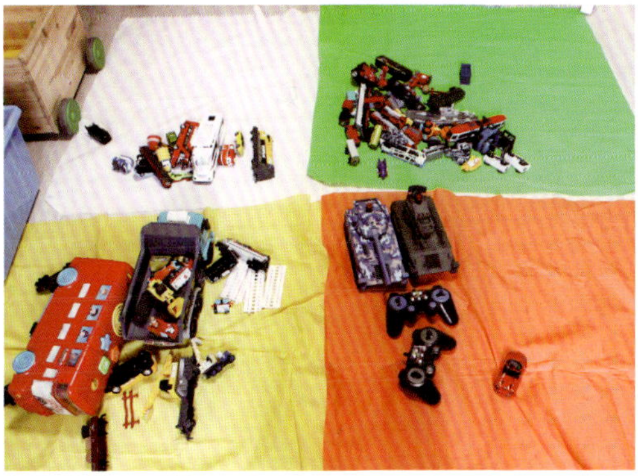

△不直接问“要不要”，而是用四分法给玩具分类

△养成日常归位的习惯后，小九偶尔也会自己打扫儿童房

的不过就是根据规律去配合、打造环境，并且采用与孩子的心智发展相适应的方法。

要求孩子每天必须整理出多么完美的结果，并不是我们的目标，毕竟这一点就连我们自己也做不到啊！

只要孩子内心有对美好生活的向往和要求，眼里看得到混乱和整洁之间的差距，脑中知道应该怎么整理，并且在想要做的时候有能力做好，在我看来，这样就已经足够了。

我很确信，从学会整理这件小事开始，不论将来是住在300平方米的别墅里，还是挤在30平方米的小房间内，孩子都会认真对待生活，而不是永远寄托于不现实的想象或者抱怨他人。

04 给孩子一个他爱的家

我做整理师的年限几乎与辰辰同岁。我下定决心要做整理师时，辰辰给了我非常大的勇气——我在无意中发现辰辰有模有样地模仿我叠衣服的样子，那个瞬间触动了我，让我深刻地感受到什么是“身教大于言传”。因此，如果我真的希望辰辰成为什么样的人，那么作为他无比信任和崇拜的妈妈，我首先就要成为什么样的人。于是，我下定决心从事整理这项我热爱的事业，实现自己的价值，成为孩子的榜样。

在亲子规划整理中，我发现最重要的条件其实是环境，包括空间环境和人的环境。大部分妈妈希望自己的孩子成为会整理、会收纳、能够独立自理的人，但这样的孩子不是凭空而来的，需要给孩子一个容易做到的空间环境，更重要的是思考自己作为父母平时是怎么做的、有没有做到要求孩子去做的事情。

达人：洛辰

规划整理师（Life Organizer®），获得日本生活规划整理师协会（JALO）和规划整理塾一级认证

规划整理塾三级认证课金牌讲师

日本生活规划整理师协会（JALO）和规划整理塾认证亲子规划整理师

装修了一个娃说“妈妈，我们在这里住 100 年”的家，培养了能独立整理行李箱、煮面、擀皮、爱读书的小暖男

居住地：上海

居住面积：120 平方米

房屋户型：三室两厅

家庭成员：爸爸　妈妈　儿子辰辰

我的脑型：右左脑

孩子基本情况：5 岁　幼儿园中班　左右脑

辰辰是一个惯用脑型是左右脑的处女座男孩儿，而且是一个拥有高需求和高敏感度的孩子，不仅对陪伴的时间和质量的要求很高，而且对空间和物品的秩序非常在意。因此，进行亲子规划整理时，我注重打造一个大人和孩子能够共处的空间，而且会邀请辰辰一起参与规划他的空间和物品。

如此一来，我们可以很好地陪辰辰读书、玩耍，他也能在动手参与的过程中建立对物品的责任感、成就感，对自己的劳动成果更加珍惜并愿意主动去维持，在日积月累的潜移默化中掌握整理收纳的本领，从管理自己的物品开始养成良好的生活习惯，培养独立自理的能力。

在规划亲子空间之前，首先要俯瞰整个家的布局。一方面是从空间上考虑各个区域的功能需求，另一方面是从时间上考虑未来几年的需求变化。

我家房子是非常方正的三室两厅，南北通透，客厅非常大，连着一个有

落地窗的大阳台。当初买房的时候，我一眼就看中了这个户型。装修的时候，我对着户型图研究了很久，曾想过在客厅做占据一整面墙的储物柜来收纳各种杂物，但考虑许久，我还是否决了这个方案，决定将空间最大化地留出来给辰辰玩耍。因此，装修完之后，客厅里没有沙发、电视、整体柜和其他大件家具，就是一个空荡荡的大厅。

我家一共三间房，没有专门的储物间，那就必须要有大储物柜了，于是我把目光转向儿童房。儿童房的空间很大，我从中“借”了 30 厘米的深度，在走廊上做了一个储物柜，与儿童房里的衣橱背靠背，用来收纳家里的各种杂物。可见，空间虽然是固定的，但只要经过合理规划，就可以最大化地实现自己的想法。

辰辰是一个高需求宝宝，不喜欢自己待着，希望大人陪他一起玩，或者能够随时看到大人。如果把他的物品都放到他的房间里，那他一定会拿出来到大人在的空间和大人一起玩，最后很有可能就是客厅、儿童房里都是他的物品，整理的动线和时间就会加长，不仅让他对空间界限很模糊，而且增加他自己动手整理的难度。因此，我将儿童房定位为单纯用来睡觉的地方，在客厅里规划出儿童区。

搬进来之后，我就立刻和辰辰一起规划他的小空间了。为什么要带着他一起规划呢？一是辰辰已经 5 岁了，在规划整理思维的熏陶下，已经很有自己的想法了，而且他的惯用脑型是左右脑，做什么都是“我就是要这样做”“我就是喜欢这样”的态度，再加上是处女座，对细节非常敏感和在意；二是我希望他从小就具备自己动手的能力，只有参与进来，最终的成果才是他自己的，他才能学会对自己的物品负责、为自己的选择负责。

1
2

1　整个房子的空间规划图

2　儿童区由黑板墙、抽屉和矮柜组成

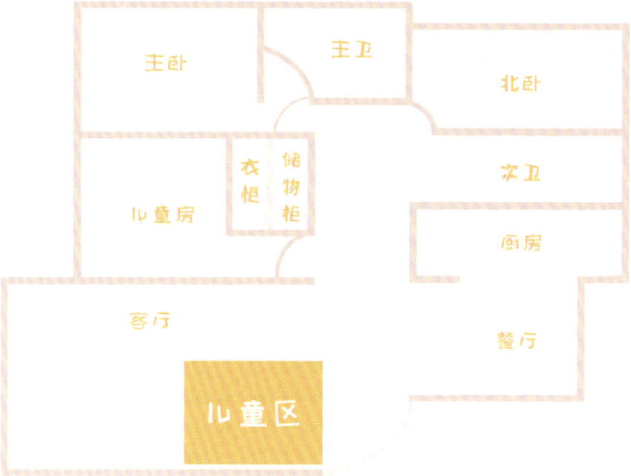

辰辰一直想要一面可以画画的黑板墙，我答应他在新家里添置上。客厅北面挨着入户门处有一面长达 1.6 米的墙面，用来做黑板墙正合适。围绕黑板墙放置一组组收纳他的各种玩具和书籍的抽屉和矮柜后，正好组成留有一个出入口的四方形区域。最后一组柜子放好的时候，他开心得跑进去转圈圈，然后对我说：“妈妈，这就是我的家了，欢迎来到我的家！”晚上睡觉的时候，他搂着我的脖子亲了一口，说：“妈妈，我好喜欢我们这个家，我们在这里住 100 年好不好！”老母亲差点泪目啊！

孩子都很喜欢有自己的独立小空间。其实，在和辰辰一起做规划整理的过程中，我并没有和他讲过“要给你一个独立的空间”之类的话，但在规划整理完之后，他发现这个小小空间里的所有物品都是属于他的，他就觉得自己是一个独立的小人儿了。

辰辰有很多玩具和书籍——爸爸妈妈买的，姥姥姨姨送的，大的小的，长的短的，花花绿绿，造型各异……要想合理收纳这些玩具和书籍，还真得花点心思。

1. 俯瞰：收拾之后很整齐，物品都在柜子和抽屉里

要做到这一点，就必须清楚所有物品的种类、数量和大小，为它们提供能够完全放下的空间，也就是让空间的容量与物品的数量相匹配。

在规划空间的时候要考虑得长远一些，在收纳现有物品的基础上留出余量，不要正正好地全都放满。

儿童区的柜子和抽屉用来放置辰辰的各种玩具和书籍，目前每个区域都还留有一些空间，方便以后添置新的物品。

△使用透明抽屉对小型玩具进行分类收纳，方便辰辰自己取放玩具

2. 分类：物品分类要明确，每种物品都有自己单独的空间

我的惯用脑型是右左脑，对物品进行基本分类是必须要做的事情；作为惯用脑型是左右脑的处女座孩子，辰辰对物品分类也是有要求的，而且有着自己的分类方式。

我用透明抽屉将大部分小型玩具进行分类收纳，乐高、积木、磁力片、汽车……各装一个抽屉。从外面一眼就能看到里面的物品，方便辰辰自己取放——想玩哪种玩具，就把整只抽屉拿出来；玩完之后，把同类玩具“扔”进相应的抽屉里就可以。

辰辰有很多玩具汽车，他选择全都放在 3 层小推车上，并按汽车的大小进行分类，上层放小号车，中间层放中号车，下层放大号车。他很喜欢这个

△想玩乐高就直接拿出相应的抽屉，玩完再“扔”进抽屉里即可

“装备”，每次玩汽车的时候，就用小推车推着一堆小汽车出来，颇为拉风。

对于连抽屉、柜子都放不下的超大号玩具车，辰辰选择放在柜子顶层。其他大型玩具，比如地球仪、机器人，也都一个一个站在柜子顶层。

对于一些数量比较少的玩具，辰辰选择合在一起收纳。比如，他将恐龙和钓鱼玩具放在一个抽屉里。至于为什么这么分类呢？他说：“因为恐龙和小鱼是好朋友，我每次都和它们一起玩，所以它们要住在一起。”

可见，在亲子规划整理中，分类并不一定是将某一类物品单独收纳。只要孩子自己觉得合适、方便，将几种玩具放在一起也是可以的。

1
2

1　使用 3 层小推车收纳玩具汽车，上层放小号车，中间层放中号车，下层放大号车

2　只要孩子觉得方便，就不必按物品种类分开收纳，恐龙与小鱼也可以放在一起

△辰辰为收纳盒贴分类标签，并清楚记得所有玩具的分类情况

3. 定位：整理完之后，确保所有物品拿出来方便、收起来容易

容易做才会愿意做。我没有在儿童区添置高柜进行物品收纳，就是因为考虑到辰辰的身高。太高了他够不着，选用 60 至 70 厘米高的小柜子、小抽屉则能让所有物品都在他的“掌控”之中。

为了让孩子记住分类情况，在分类过程中，家长可以带着孩子玩贴标签的游戏。辰辰就非常喜欢贴标签，他会选择自己喜欢的图案代表某一类玩具。这样一来，所有玩具的分类情况他记得比我还清楚呢！

要让分类定位使用变成一种习惯，必须固定每类物品的位置。比如，乐高放在柜子第一层的第一个抽屉里，积木在柜子最下层的第三个抽屉里，磁力片在柜子第二层的第二个抽屉里……时间一长，想要玩哪类玩具，不用专门去找，已经形成的肌肉记忆就会把孩子的手带到那个位置。

很多时候，辰辰不会只玩某一种玩具，而是把多种玩具都拿出来，搭建想要的各种场景。这样一来，形形色色的玩具就铺满了整个客厅。很多人问我：“这种场景是不是让你很崩溃啊？”

其实并不会，只要做好分类、定位，收拾的时候只需把各种类型的玩具送回它们所在的固定位置——抽屉、柜子或者收纳盒里就可以了。即便是玩具铺满地，最多 10 分钟也就可以全部收拾完毕，实现物归原位。

4. 选择：控制物品的总数量

随着孩子的长大，不管是玩具还是衣服，数量都会越来越多。尤其是玩

△玩具车太多时，就要挨个做取舍

具，孩子总是不舍得扔掉，即使已经很久不玩了，但当你要扔掉时，他还是会说："我还要玩的。"如果放任不管，一方面，玩具会占据越来越多的空间，甚至可能将空间变得很乱；另一方面，孩子会觉得"任何物品我都可以拥有"，对自己的物品和空间毫无规划。这都不是亲子规划整理想要的结果。

辰辰的物品一变多，我就会带着他一起做整理。什么是变多的时候呢？其实，做完前面所说的俯瞰、分类和定位整理，所有玩具的摆放位置和所占空间大小就都是固定的了，当新增的玩具数量超过原定规划的时候，玩具数量超出空间容量的问题就会立刻显现出来，最直观的感觉就是乱，玩具多得无处下脚的那种乱。这时，我会和辰辰一起把全部玩具拿出来，进行分类之后，让他一件件地判断要或不要。

有时候，辰辰会主动说自己想要什么新玩具，我便告诉他："想要新玩具

△经过思考与对此，辰辰决定舍弃一部分玩具车

可以呀，不过现在你的玩具区都放得满满的了，新玩具来了放哪里呢？”他就会自己做出选择——是扔掉一部分旧玩具，还是放弃新玩具。

知道自己要什么、不要什么并做出果断选择，是非常重要的能力。在整理物品的过程中，有意识地引导孩子不断练习做选择来提升决断力，会让孩子一生受益。

在集中整理玩具的时候，大人能直观地看到孩子的决断力。其实，经过正确的引导，孩子的决断力往往超出大人的想象，做选择和决定都是非常干脆利落的。

如今，我们已经住进新家半年多了，儿童区的规划仍然非常适合辰辰这个阶段的需求。等他上小学了，整个空间的规划和收纳重点肯定会发生变化，到时再根据新的需求来调整。让我们拭目以待吧！

05
这样做，孩子会自然而然懂得整理

不知道是不是我的错觉，我发现很多大人想让孩子整理时，就会大声说：“你快点收拾！再不收好，我就扔了！”但是如果孩子问：“这么多东西怎么收拾呢？”大人就会愣住，心虚地回答：“就……就都收起来啊！”然后，孩子就一股脑儿把所有东西都堆在一块儿。其实，这样反倒留给孩子“藏好 = 整理”的误解，一点儿起不到整理的作用嘛！

我一直是一个擅长整理的人，即便结婚生子后，也像没有“熊孩子”的怪力主妇，仍把家里打理得井井有条。在我以前的认知中，只要掌握了整理方法，就没有真正的整理困难。不过，在取得规划整理师资质、接触惯用脑型理念后，我开始理解人的整理能力是有差异的，因此，整理方法不应该是千篇一律的。

在教育界待了 8 年，我十分重视觉察孩子的需求。整理是一种生活习惯，

达人：多么

规划整理师（Life Organizer®），获得日本生活规划整理师协会（JALO）和规划整理塾一级认证

规划整理塾三级认证课讲师

学校整理课程专任讲师

以“回归童心，自然整理”为理念，专注于3~12岁儿童的整理启蒙和培养

居住城市：福建福州

居住面积：100平方米

房屋户型：两室两厅

家庭成员：爸爸　妈妈　女儿一果

我的脑型：左左脑

孩子基本情况：6岁　幼儿园大班　左左脑

而不是一项任务。找到最适合的方式和孩子共同整理，让整理成为孩子生活中自然而然的存在，这一点尤为重要。因此，我将这样的想法融入亲子规划整理中，从孩子视角观察什么样的整理收纳办法是最适合的。

我的女儿一果，是我最好的家庭整理伙伴。我们住在厨房与起居室分开的两居室里。整个家的物品以简洁为主，大量的灰白色给人以冷静的印象。通过对整体空间进行规划整理，我在细节中融入对女儿的贴心关爱。

客厅的地板是软木材质。对于育有幼童的家庭来说，软木地板温暖柔软，铺上地毯后，孩子就可以自在地坐在、趴在地上玩耍，完全不用担心会着凉。

客厅拓展出来的一侧是半封闭式阳台，也是我们与一果的“纪念墙”——平日里我用绿植装饰阳台，每逢一果的生日，我就会把这里布置一番，并拍照留念。可以根据不同的主题进行装扮，正是这个阳台的魅力所在。

餐厅正对着大门，以卡座代替了传统餐椅。一家人围坐在一起，十分温

馨、舒适，让人感到很满足。餐厅的转角是一整面黑板墙，这是我们在装修前就心仪了很久的设计——为一果打造一个游戏区，让她在上面任意涂鸦或贴上手工作品。这一空间亮点不仅防止一果乱写乱画，而且让一果为有了专属涂画场地而感到开心。

在保证安全的前提下，在厨房摆放椅凳，能让孩子更好地融入厨房活动，帮忙做家务时也更为方便。现在，一果会在周末给我们做简单的 brunch（早午餐）。其实，我们并没有让一果专门学习做饭，她是在洗菜择菜、做饭摆盘、布置餐桌、洗碗收拾等非常棒的亲子互动中模仿我们的行为，产生了做饭的兴趣和动力。

儿童房和客厅相邻，一果可以随时进入客厅活动，而且儿童房和我们的

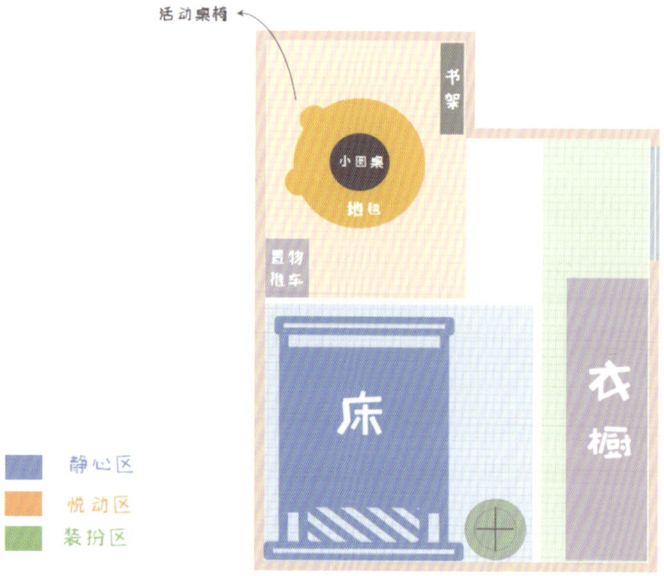

△儿童房的空间规划图

卧室没有紧挨着，给她保留了独立的空间。毕竟谈及卧室，大人觉得只是睡觉的地方，而孩子希望它是玩乐天地。

一果的房间以木色、白色为主，搭配动物、植物图画，形成了简洁大方的风格。整个空间被规划成静心区、悦动区、装扮区 3 个区域。

静心区就是床所在的一角，用来小憩、睡觉。床的侧边墙上搭了一个隔板，放有一果喜欢的摆件。床头设有床幔，让卧室变得更加温馨、漂亮。

悦动区是床尾到窗台之间的地方。对于孩子来说，采光良好是很有必要的。我们把整个房间光照最佳的地方留了出来，让一果在这里玩耍、读书。阳光洒进房间，伴着斑驳的光影，一果可以尽情嬉耍、专心阅读。

装扮区在卧室入门左侧，设有宽约 1 米、由壁柜和抽屉柜组成的整体衣橱。在这里，一果可以随心打扮，实现小女孩爱美的各种愿望。

衣橱最上方是有一定深度的壁柜，可以用百纳箱将过季衣物放在里面。虽然目前不需要一果自己动手取放，但考虑到高处收纳的特殊性，我还是选用了带把手的百纳箱款式，只要一拉一推，就可以轻松取放。儿童房适合选用材质柔软、结实耐用的收纳工具，统一的外观和规格能够提升空间的整洁度，使用带盖的大容量盒子则能收纳多件衣物，而且防尘防虫。

衣橱中部设置了挂衣杆，按照由深到浅的颜色顺序挂上了一果的连衣裙。将连衣裙挂起来，除了便于取放之外，还能通过陈列带给一果美的感受和体验。我为一果精心挑选了大小、样式一致的防滑衣架，挂上衣物的衣架放置在挂衣杆左侧，未使用的衣架则被规整到右侧。如此一来，还有多少使用“额度”就非常清晰了。

1
2 | 3

1　静心区，用来小憩、睡觉

2　悦动区，用来玩耍、读书

3　装扮区，用来实现爱美的各种愿望

我在衣橱门内侧安装了挂钩，一果每晚都会把第二天要穿的衣服挂在这儿。这么做的结果令人惊喜——清晨我再不用对着她念叨：“你到底要穿哪件？上学快迟到了！”这成为我家的省时秘诀。有时，我会把一果喜欢的“定妆照”打印出来贴在衣橱门上，如果不知道穿什么，就按照图片来搭配，这成为一果的一大穿搭乐趣。

悬挂衣服下方的小块空间不要浪费。我在这里放置了一果外出时所需要用的背包、帽子以及用来收纳搭配衣服的小物件的饰品盒。因为高度适宜，一果自己就能轻松取放物品。

女孩有很多零零碎碎的小饰品，比如项链、手链、发箍、头绳、发夹……将这些小饰品一件件摆出来容易显得散乱，用一个带盖的盒子装起来，

△过季衣物打包放入外观、规格统一的带把手的百纳箱内，既便于取放，又防尘防虫

1/2/3

1　按照由深到浅的颜色顺序悬挂一果的连衣裙，既一目了然，又便于取放

2　把悬挂衣服下方的剩余空间利用起来，放置小包、帽子和饰品盒

3　用带盖的盒子装零零碎碎的小饰品，既整洁有序，又便于整理

△用彩布帮助一果进行衣物分类，一种颜色对应一个衣物种类，便于清点每类衣物的数量

不仅整洁有序，而且便于整理。

衣橱底部的抽屉柜用来收纳适合折叠的衣服。上层抽屉被规划为 6 格分区，收纳常穿的薄衣、薄裤、内衣、袜子；下层抽屉则被规划为 4 格分区，收纳秋冬衣物。

做整理不应该把自己和家人折腾得筋疲力尽，亲子规划整理也是如此。对于惯用脑型是左左脑的一果来说，整理是拿手的事情。我还用了一些适合她的方法来支持她持续进行整理，也让我和她在家做整理时更顺畅。

比如，在整理衣物时，我让一果将衣橱里的所有衣物拿出来进行分类，

△竖直摆放小件衣物，既一目了然，又便于取放

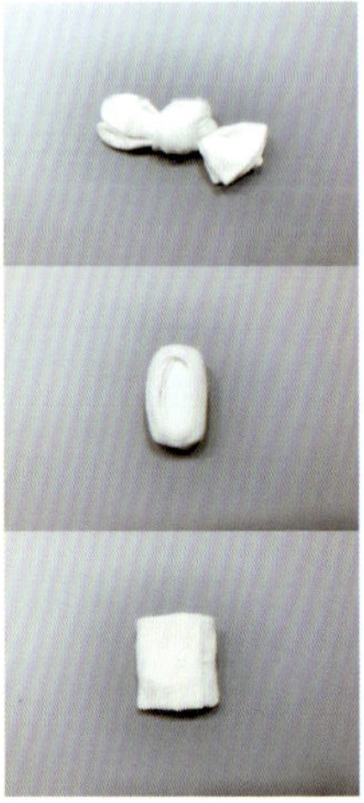

△不同的折袜子方法：打“糖果结”，折“肉夹馍”，卷“寿司”

并和她约定好铺在地上的不同颜色的布对应放置的衣物类别。这样一来，一果能够自己迅速完成分类，并清点出每类衣物的数量，最后将衣物按照款式、颜色分类放置到衣橱的不同区域内即可。

我不希望一果是在我的唠叨和呵斥下不情愿地做整理，因此，我在亲子规划整理中倾注了更多心思，尽可能做到让一果自己进行整理。

我为一果提供了多种衣物折叠收纳方案，让她选出最适合自己的方案。这样一来，一果不仅可以找到适合自己独立操作的整理方法，还可以根据自己的喜好一点点学会如何整理衣物。

比如，我改良了折袜子的方法，把原来教科书式的折袜子术语“翻译”成一果能听得懂的儿童语言，并试着提供给她多种折袜子的方法：可以将两只袜子叠放在一起，打一个“糖果结”；可以折成“肉夹馍”，把一部分袜子放入皮筋儿内；可以像卷寿司一样，一点点卷起来放好……这些过家家式的折袜子游戏获得了一果的高度好评，而且每次她都会自豪地说："这是我自己折的袜子！"

我们常常误解孩子"不爱整理，爱偷懒"，其实在大部分情况下，孩子知道必须进行整理，只不过在真的动手的时候发现没有适合的方法而不得不停下——面对一堆待整理的物品，孩子总是一头雾水。因此，你会发现我一直强调"方法"。

在亲子规划整理过程中，家长运用符合孩子年龄特点的童言童语帮助孩子理解整理的目标和步骤，就能收到意想不到的效果。

在和一果进行规划整理时，我会先把整理目标进行拆解，再用简明扼要的语言描述整理步骤，让她产生"原来照着这样做就行了"的感觉，不会有"不知道怎么整理"的困扰。

整理是一件熟能生巧的事情，家长不妨像小时候学写作文一样，提供一些模板让孩子练练手。

我为一果提供了简单方便又容易记的"三个一"整理法：一个人、一个时间段、一个场所。

1. 一个人

对不同人的物品进行分开收纳，这既是根据使用对象整理物品的集中管理原则，也是孩子最容易懂的方法。

比如，我告诉一果将洗护产品装入分装瓶里，分成一果用的、妈妈用的、爸爸用的；将零食放入收纳盒里，分成一果吃的、妈妈吃的、爸爸吃的……

2. 一个时间段

在亲子规划整理中，省事是最重要的原则，尤其对于平常要上班的父母来说，时间成本千万别太大了。

把同一个时间段需要用的物品预先放在同一个地方，需要时就可以一下子都找到，方便使用和收纳，省事又省时。

比如，一果的梳妆工具（梳子、头绳、发夹）都装在洗手台下方的抽屉里，一果只用站在那里就能井然有序地完成扎头发这件事。这在忙碌的清晨为我省下了不少时间，心里也会倍感轻松。

3. 一个场所

在整理前，先和孩子一起梳理已经参加的课程和活动，明确在这些场景

△和一果一起制作精美别致的分类标签，让她在游戏中增加对整理的兴趣

中需要用到什么物品，然后进行集中收纳——一个场所对应一个收纳包，避免出发前还得费劲到处找要用的各类物品。

比如，一果有一段时间非常喜欢溜冰，每个周末都要去练习。起初，我会在出发前从鞋柜取出溜冰鞋，从玩具柜里拿出护具、头盔，再找一个收纳袋把这些东西装在一起，来来回回好几趟才算配齐了行头，实在太麻烦了。后来，我不再执着于物品分类收纳，而是把溜冰要用到的所有装备都集中收纳在一个包里，每次拎包出行即可。

相比结果，我更注重在过程中教给一果解决问题的方法。要想孩子完成整理这个目标，前提是家长提供路径。有了家长的反复教导，孩子才能“说得出”，才能使“做得到”成为现实。因此，每次整理完，我都会花时间带一果确认“哪里放了什么”，让她明白整理的效果和意义。

家是孩子成长的乐园。看着入住前的规划设计一步步成为真实的生活、住宅图稿上生硬的线条和数据转化成整理收纳后的清爽模样……我想，只要用心生活，亲子相伴的柔软时刻就会藏在家的每个角落里。

06 每个角落都是乐园

我们现在住的这个家是为一所心仪的幼儿园而临时租住的，我把它称为“暂住”家。搬进来的那天，我就在心里想：“房子租得，娃的童年租不得。虽然不能把这里装修成我想要的乐园，但我可以将每个角落都规划得留有欢乐！”

这个家虽有边界，但没有那么多限制，孩子们随便坐在哪个角落都能开心地玩耍。当然，孩子们的乐园不包括我的卧室，卧室是我自己独处的空间，就谢绝打扰了。同时，孩子们也有属于自己的“私人领地”，我们不会去“侵犯”。我们还有共同“管辖”的地方，本着互惠互利、和平共处的原则，一起打造、维护、保持这片空间的整洁、舒适。

在亲子规划整理中，首先要让孩子体验“界限感”。在我看来，界限就是孩子们的安全线。如果没有安全线，孩子们就会迷茫无措，只能不断试探、

达人：辛晶

规划整理师（Life Organizer®），获得日本生活规划整理师协会（JALO）和规划整理塾一级认证

规划整理塾三级认证课讲师

日本生活规划整理师协会（JALO）和规划整理塾认证亲子规划整理师

P.E.T. 父母效能训练讲师

SI 家庭教育顾问

曾经是从事法律工作的职业女性，现在是陪伴孩子成长的全职妈妈

居住城市：北京

居住面积：165 平方米

房屋户型：三室一厅

家庭成员：爸爸　妈妈　姥姥　姥爷　大女儿珑儿　小女儿玥儿

我的脑型：右左脑

孩子基本情况：珑儿：6 岁　幼儿园大班　右左脑

玥儿：2 岁　“家里蹲”　右右脑

越界，从而导致情绪不安，很难打造有序的内部和外部环境；反之，有界限感的孩子懂得如何建造、保护自己的“领地”，同时不会“侵犯”别人的“家园”，在满足自己需求的同时尊重别人的意愿，具有强烈而稳定的安全感。

我们刚搬进这个房子时，珑儿马上 4 岁，玥儿刚刚 100 天。因此，儿童房主要放珑儿的大型积木和玩具，她经常带着小伙伴在这里玩得不亦乐乎，而玥儿只在客厅“混日子”。

两年来，孩子们不断成长，各种需求不停变化。为此，我们对儿童房的空间规划做了很多次调整。

如今，蹒跚学步的玥儿经常去儿童房“视察”，可以单独睡觉的珑儿有了在小桌子上写写画画的需求。因此，在与珑儿沟通协商后，我们把大型积木

撤离儿童房，放入一些玥儿可以玩的玩具，同时添置了一张单人床和一个小书桌。

发现儿童房不只属于自己后，珑儿表明态度："在我想独处、学习以及与朋友玩的时候，不希望妹妹来打扰。"对此，我们是愿意全力配合的。然而，问题还是来了。随着智商、情商的发展，玥儿也有了自己的想法和需求，不是姐姐让她不打扰，她就可以配合的。为此，我们必须另扩疆土。

我的主卧是不容侵犯的，我只能打客厅的主意。客厅虽大，但两个小家伙的空间需求极高，玩滑板车、搭建大型积木、练习高尔夫球进洞……都需要很大的空间。

其实，我并不希望孩子们的物品占用太多的客厅空间。因为我想给老人

△有了玥儿以后，儿童房不再属于珑儿一个人，添置了单人床和小书桌

△为了让两个孩子同时享有单独空间，除了用帐篷在客厅隔出读书角，还将设有玻璃拉门的阳台利用起来

留一些空间，让他们有归属感。为此，客厅的电视是专门给老人看的，让他们在无聊的时候有个放松的出口。

客厅不能占用太多，我就用帐篷隔出一个读书角，再在对面摆上钢琴。看看书、弹弹琴，也是极美的。

角色扮演是珑儿最喜欢的游戏，她希望随手拿到各种“道具”，于是电视柜成了她的临时玩具展示架，她可以在这里展开丰富想象，上演各种故事。

虽然有了一个小地盘，但两个孩子同时需要单独空间怎么办呢？当妈妈的总是有办法——将与客厅连接的阳台利用起来！

阳台原本是我和先生喝茶、聊天的地方，现在我在阳台的桌子下方加设

1/2

1　客厅的电视柜成为珑儿的临时玩具展示架，方便她玩角色扮演游戏

2　玥儿独自在阳台玩耍，桌子下方是她的“玩具仓库”，桌子上则放着我想让她玩的玩具

了一个“行走的玩具仓库”，其实就是一个可以拎着走的竹篮，里面都是玥儿的宝贝玩具，并且根据她不同时间的喜好放入不同的玩具。阳台的桌子上一般会摆放一两件和她年纪匹配的益智玩具。发现我的小心机了吧——我想让玥儿玩的玩具都被放在了更容易看见的地方！我既保持尊重，不强迫她服从我的安排，同时也保留了我的养育期待。

玥儿高兴了就去阳台浇浇花、摆弄玩具，偶尔也会学姐姐拉上门自己待一会儿。她在里面的所有行动轨迹，我们都能透过玻璃拉门观察到，因此，可以放心地让她独处。有时，玥儿会邀请姐姐到她的阳台小天地里耍弄一番。两个孩子既亲密相处，又各有界限。

我们家的玩具按照集中 + 分散的原则进行收纳。玩具主要集中收纳在儿童房，但阳台、客厅里也随处放着她们心爱的玩具。要不怎么说每个角落都是乐园呢！

儿童房的玩具分类原则是两个孩子各自的玩具分开放、共有的玩具集中放，选用了高 + 矮、可视 + 封闭的收纳工具。珑儿的玩具主要分为手工区、绘画区，放在可视收纳抽屉的上两层；玥儿经常玩的玩具放在可视收纳抽屉的下两层，方便她自己取放；两人共有的玩具放在低矮处的封闭收纳箱里。

根据“二八原则”，我们家展示出来的二成玩具能够满足孩子们玩耍的需求，而且展示出来的玩具和封闭收纳的玩具会不定期替换，保证她们持续拥有对玩具的新鲜感。

此外，我在玩具收纳区加了一个窗帘，珑儿学习时我会拉上帘子，让她不分散注意力，专注于眼前的功课。

玩具收纳：高处放姐姐物品＋轻玩具；低处放妹妹物品＋重玩具

△两个孩子的玩具收纳架按照集中＋分散的原则进行收纳，选用了高＋矮、可视＋封闭的收纳工具

困扰很多家长的收纳问题来自孩子们心心念念的细碎玩具，比如，男孩的乐高、小车上的各种细小零件，女孩的小娃娃身上的装饰配件、过家家的小零碎……这些东西收不好就很容易丢。在娃眼里，丢了一个零件，整个工程就毁了，坏情绪立马爆棚，家长一时半会儿也找不到、买不着，紧接着就是鸡飞狗跳。

我们家也有这样的问题。珑儿喜欢 DIY 和角色扮演，家里有很多米粒大的组装零件、黄豆粒大的娃娃换装鞋。为此，我和珑儿选定了收纳这些小玩意儿的“装备”——DIY 宝箱。这个宝箱是珑儿 4 岁时上艺术课程发的，我们觉得特别好用，不断往里更新、添置物品。如今，用了 2 年的 DIY 宝箱仍然是珑儿的心头好，也是她的好朋友们来我们家的必玩之物。

我们用乐高箱子为珑儿的宝贝娃娃们安家，并采用精细分类法进行收纳。珑儿很享受精细分类的过程，每位娃娃、每条裙子、每双鞋子、每个小珠子

1
—
2

1　珑儿的 DIY 宝箱，用来收纳细碎玩具

2　用乐高箱子对娃娃及其配件进行精细分类收纳

△经过规划整理，孩子们的厨房玩具分类合理、整洁有序

的固定位置，她都记得清楚，如数家珍。

采用精细分类法进行收纳，有助于发展孩子的逻辑思维能力，但一定要关注孩子的年纪和个性。一般来说，4 岁半以前的孩子是做不到精细分类的，5 岁以后的孩子也要看其意愿、能力和个性如何。如果孩子不想也做不到精细分类，那就不能强求，否则会让孩子失去对玩具的兴趣。

厨房玩具似乎是每个有娃家庭的必备物品，无论是男娃还是女娃，都有喜欢过家家的阶段。亲子规划整理也可以运用到厨房玩具上。

在我们家，孩子们对厨房玩具进行了分类：台上“油”“盐”“酱”“醋”“锅”一个都不少，台下则分为 4 个区域，分别是参与厨房游戏互动的玩偶区、烘焙野餐区、蔬菜水果区和备用锅具区。

有这样一个整洁有序的厨房玩具，孩子们几乎每天都要大展“厨艺”。虽然厨房玩具买来已有 4 年多了，但孩子们玩起来还是乐此不疲。也许有一天，她们真能成为米其林大厨呢！

孩子既是自己空间和物品的主宰者，也是整理过程的操纵者，所有规划思考和动手整理的过程都需要孩子的全力参与。

珑儿、玥儿能够始终充满热情地参与到整理之中，主要还是感受到了榜样的力量和收纳的乐趣。

在我们家，我坚持向珑儿、玥儿传递一个理念——整理是生活中有仪式感且美好开心的事情。

每当我要“折腾”前，我都会穿上舒服的衣服，播放轻快的音乐，拿着

△有了必须送物品“回家”的意识后，玥儿主动将看完的绘本放回书架上

纸和笔把要做的事情简单写画出来，然后就愉快地开工。

我的这些行动其实早就引起了孩子们的注意，等她们渴望来帮助我时，我就坐下来安排分工，放手让她们做一些力所能及的事情。即使她们做出来的效果与我的期望值有些差距，我也不会干预、指责，而是和她们一起进行调整，在实际操作中获得进步。

有时，孩子会因为能力以外的其他因素不愿意完成整理。这时，我会停止手上的整理工作，转而倾听孩子的情绪表达，协助孩子解决问题，带着孩子玩各种整理游戏，用一个个小游戏让整理变得有乐趣。

我们最喜欢的整理游戏是“变身田螺姑娘”。我把田螺姑娘的故事讲给珑儿、玥儿听之后，有一天，她们晾晒好的衣服还没有叠，玩过的玩具、书本也没有归位，就有小朋友找她们出去玩。她们很想出去玩，但看着满地狼藉又有所犹豫。珑儿说：“妈妈，我知道应该先收拾玩具，但我现在很想出去玩。我担心收拾完再出去，小朋友们都走了。”我不想她们把整理当成负担，于是安慰她们：“你们开开心心出去玩吧，让衣服、玩具、书本睡一会儿觉。等你们回来，就要变身田螺姑娘，把房间变整齐，好吗？”她们听了特别开心，在外面玩得很痛快。回家后，她们立刻自己换装，变身田螺姑娘，高效地完成了整理。

我们还喜欢玩“玩具总动员”整理游戏。我带珑儿、玥儿看完《玩具总动员》动画片后，告诉她们每个玩具都有自己的朋友、自己的家，因此，玩完玩具以后，需要把它们送回家，否则它们会很伤心。这是玥儿很“心水”的游戏，每当我唱起“小玩具也要回家了”，玥儿就会跟着唱，然后把玩具一个一个放回原来的位置。

在整理这件事情上，我既没有刻意培养孩子们的习惯，也没有强硬规定整理时间，而是提供方便的环境，让她们享受整理的快乐。

毕竟，整理不是目的，把整理作为手段、享受其中的乐趣，才是更重要的事情。

07 整理是一门和孩子共同成长的必修课

很早之前，我对整理没有太多概念，“喜欢就买”是我的物品观，而且经常替喵喵买很多物品。由于家里的物品越来越多，再加上随意摆放，整个空间显得凌乱无序，我经常忘记物品放在哪里，找物品成为每日必不可少的事情，重复购买物品也屡有发生。只有在喵喵生日邀请小朋友来家里的时候，我才有动力去收拾一下——将东西一股脑儿地塞在抽屉、柜子里，让表面看起来整洁。因此，一直以来，我都觉得自己是一个极其不擅长整理的人。

两年前，我因工作接触到规划整理理念，才明白我家如此混乱的原因。逐渐接纳自己的行为习惯后，我意识到原来整理并不难，只需要顺应自己的习惯并找到适合的方式，就能很好地实现我想要的有序状态。

随着孩子长大，我发现其实孩子对物品的分类和摆放有着天然的驱动力。在进行亲子规划整理时，孩子能够通过积极参与对物品进行分类、定位、取

达人：Bracy

规划整理师（Life Organizer®），获得日本生活规划整理师协会（JALO）和规划整理塾一级认证

规划整理塾三级认证课金牌讲师

通过传递“人人都会整理”的理念，帮助更多人找到属于自己的整理方式，拥有自己理想中的生活

居住城市：深圳

居住面积：97 平方米

房屋户型：三室两厅

家庭成员：爸爸　妈妈　姥姥　姥爷　女儿喵喵

我的脑型：右右脑

孩子基本情况：7 岁　小学二年级　右左脑

舍等过程，逐渐完成对物品的独立管理。

为了方便喵喵上学，我们平日都住在姥姥、姥爷家。由于房龄比较老，已经有 20 年，要想进行大的改造是不太现实的，于是我将原本只有居住功能的空间进行了调整——基于喵喵的上小学状态和需要完成的学习阶段任务，在儿童房内部增加了学习区和阅读区。

在对空间进行规划时，首先通过俯瞰将空间细分为各个区域进行布局，然后确认每个区域承担什么功能、放置什么物品、需要购买什么样的收纳工具，最后考虑如何在搭配协调的同时营造舒适氛围。因此，在儿童房的配置上，我们非常尊重喵喵的选择，只是给出一些意见供她参考，确保在舒适的同时具有一定的美感。

儿童房内的物品不算多，除了必需的基础配置（书桌、床、衣柜）、喵喵喜欢或自己创作的摆设小物件以外，尽量减少不必要的物品，以呈现出更大的空间，并配备了一些收纳箱对日常用品和不常用但喜欢的物品进行分类

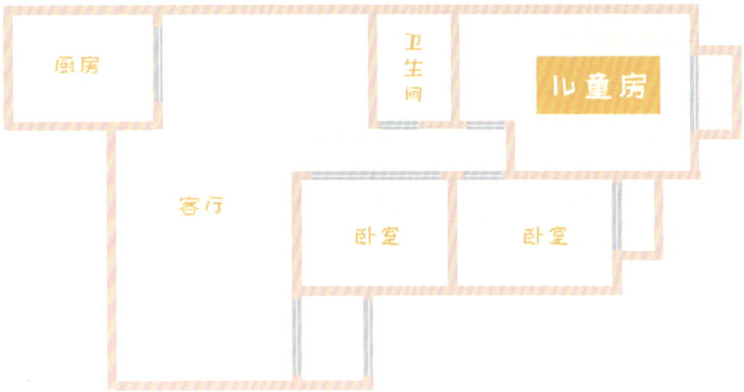

△整个房子的空间规划图

收纳。此外，我们将原本闲置的电视柜放在衣柜与窗台之间，打造成阅读区，不仅在上面加设了 4 层两格书架，还添置了垫子和抱枕，让喵喵能够靠着书架舒服阅读。

由于喵喵在惯用脑上更偏向右脑，喜欢采用大致分类方法，我对她不做过细的分类要求。在整个房间的布局中，我选择了她最喜欢的活泼的暖色基调。我希望尊重孩子的喜好和需求，让她真心喜欢自己的房间，从中找到归属感，建立与空间、物品的相处之道（有序摆放、方便拿取），对自己的物品负责，能够爱物惜物，在享受空间环境带来的放松、愉悦氛围的同时，专注于阅读与学习。

我经常和喵喵一起去完成一个又一个整理任务，定期整理她的物品如书本、文具、玩具、衣物等，在保持空间和物品秩序的同时，基于使用体验做出调整，帮助她建立俯瞰思考的方式，培养规划整理的能力。

每学期开学发新书后，我和喵喵都会做一次书包大整理。

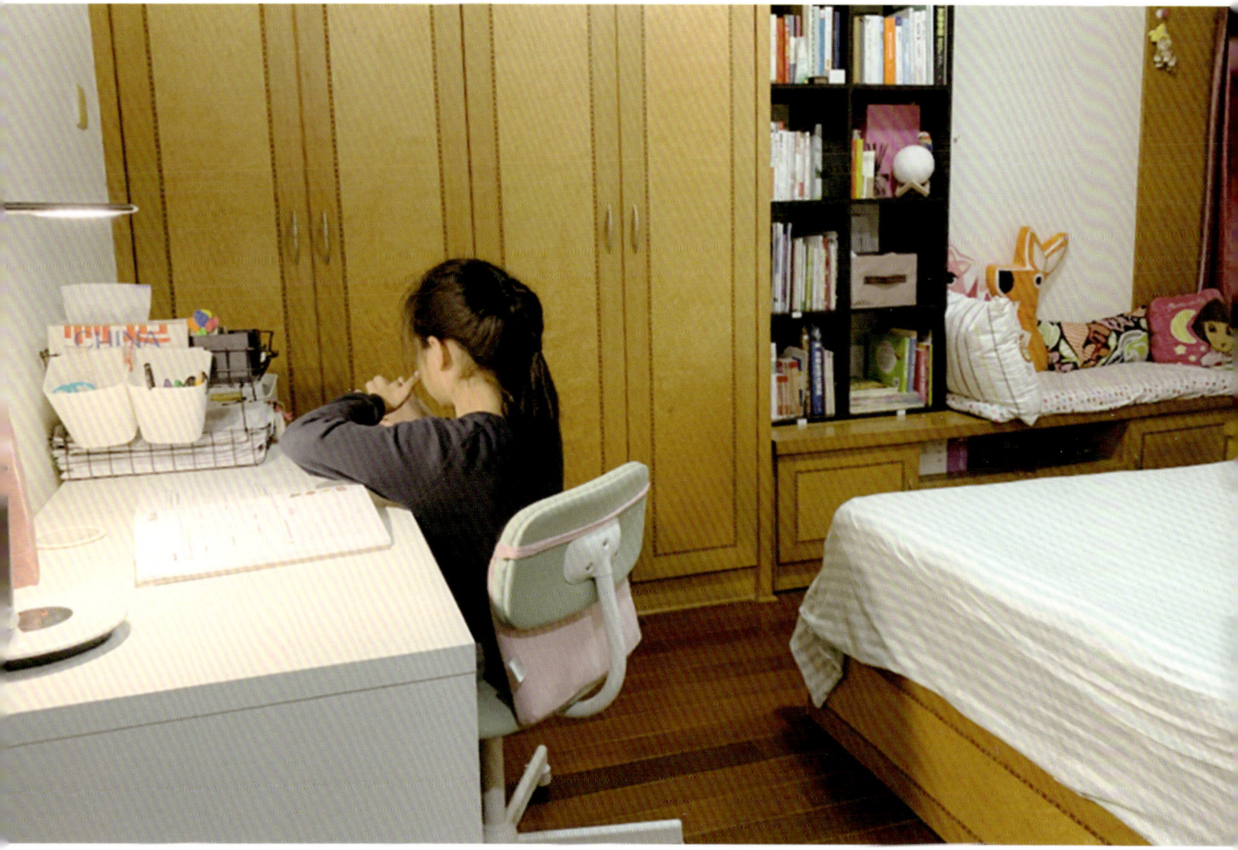

1/2

1　儿童房内新增的学习区：只在书桌上保留必要的物品，让喵喵能够专心完成学习任务

2　儿童房内新增的阅读区：在书架旁边添置了垫子和抱枕，让喵喵能够舒服阅读

首先，根据“先整理后收纳”的逻辑顺序，对新发的书本进行集中分类整理。

由于这些书都是经常使用的，只需判断每本书所属种类即可。我让喵喵用手绘思维导图的方式呈现书的种类，通过动手找、用手画来记住书包里的书有什么、有多少。

这对刚上小学的孩子来说，是一个建立“物感”的好方法，既能建立分类管理思维，又能提升俯瞰思考能力。

然后，根据不同的存放场景，将书本分成3类：“放书包里的”“放学校的”和“放家里的”。

“放书包里的”和“放学校的”统称为上课用的书本，都用文件袋进行收纳。先对这两类书本进行学科分类，再用样式不同或贴有标签的文件袋进行分装。

比如，用半透明的文件袋装“放书包里的”书本（各学科课本、作业本等），用颜色各异的文件袋装“放学校的”书本（各学科知识与能力训练手册、道德与法治课本、音乐课本、美术课本等）。

如此一来，上课时就可以第一时间一次性取出所有相关书本，避免因书包里的书太多、太杂而带来低效、无序状态。

其实，很多学校都会建议甚至要求学生使用文件袋对书本进行分类收纳，但仍有很多孩子对书本的管理极为混乱，遗漏、丢失课本和作业的现象屡屡出现。究其原因，除了孩子对自己书本的数量和内容不熟悉之外，还有一种可能就是所选用的文件袋与孩子对物品的认知能力不匹配。

比如，有些孩子喜欢使用有颜色的文件袋，能够记住每个颜色对应什么

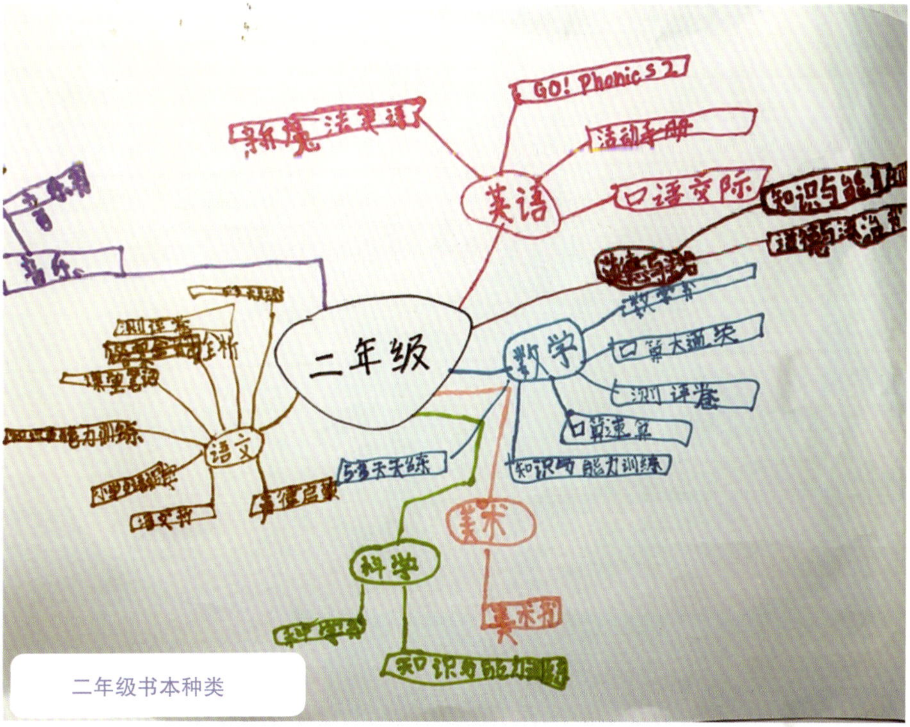

二年级书本种类

1/2

1　用手绘思维导图呈现书本的种类，既能建立分类管理思维，又能提升俯瞰思考能力

2　根据不同的存放场景将书分成 3 类，避免因书太多、太杂而带来低效、无序状态

书本，有些孩子喜欢使用半透明的文件袋，不用动脑就能一眼看到里面装的是什么书本……

如果缺乏对孩子物品认知能力的了解，选用了不适合孩子特点和需求的文件袋，那就很难让孩子从各种文件袋中快速找出需要用的书本并在使用后将书本归位。因此，在进行书本收纳时，不妨问问孩子喜欢哪种文件袋，让孩子轻松记住书本分类模式，实现快速拿出书本使用并归位。

此外，书包是一个移动的收纳场所，除了装书本以外，还可以装一些常用的小物品，比如牙线、创可贴等。推荐选用可封口的透明袋来收纳小物品，便于从书包的分隔袋里取放。

“放家里的”书本同样按照学科进行分类，只不过使用的收纳工具是书桌抽屉。我们采用就近收纳的原则，将抽屉分为 3 个区域，先用标签进行学科标注，再放入对应的课本和练习册。有了固定的位置后，书本就不会乱，万一忘记带某一科的课本或作业，家人也能很快帮忙找到。

此外，我们用 3 层推车来装喵喵的课外参考书和工具书，每一层对应一个主要学科，分类清晰，取放方便，无论是在阅读区，还是在学习区，都能方便地进行移动收纳，让喵喵随手就能找到或放入要用的书。

保持书柜中书本数量的平衡是非常有必要的，我会定期带着喵喵对书柜中的图书进行整理。

将书柜中的书拿出来堆放在一起后，我引导喵喵以“是否符合现在的阅读需求”为标准对书籍进行筛选。由于筛选标准非常简单，喵喵的整理过程非常顺利，很快就将幼儿时期看的书籍放到了“不需要”的区域。随后，我

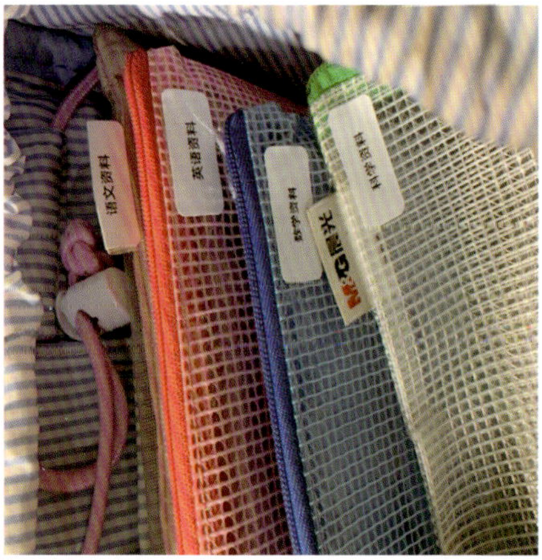

△根据喵喵的特点和需求，用不同颜色的文件袋对应收纳不同科目的书籍资料

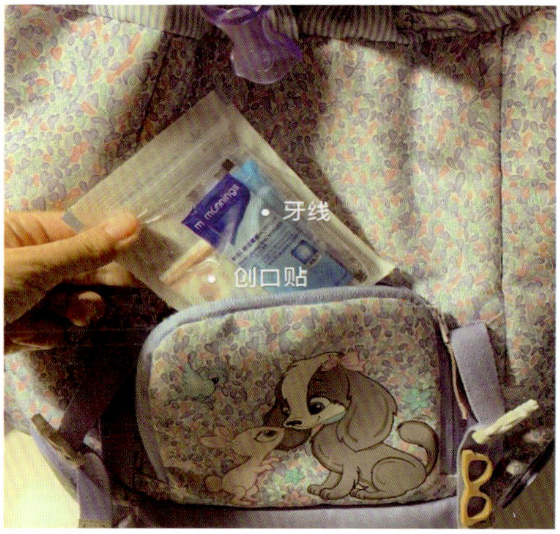

△用可封口的透明袋集中收纳常用的小物品，并放入书包的分隔袋里，方便取用

带着她将留下的“需要”的书籍进行分类，并放在共用书架的第一层和第二层——符合她身高的黄金区域，方便她取放。

其实，相对于其他物品而言，书籍是比较难整理的。因为书籍属于知识，丢弃知识让人难以接受，所以一般采用“流通”方式来处理不要的书籍。

在清理“不需要”的书籍时，我和喵喵讨论了几种流通方式，比如，通过二手平台转卖，送给身边有需要的朋友和公益机构。

当我看到不要的书籍里有《猜猜我有多爱你》绘本时，顿时有些触动。这是喵喵小时候我经常给她读的绘本，每次对她说“猜猜我有多爱你”时，她都会摇晃着一双小手冲我笑。看到这本书的一瞬间，我仿佛看到了牙牙学语的喵喵。虽然心里不舍，但我尊重她的决定。

一个物品被保留下来却无法发挥价值，这样的闲置就是最大的浪费。不如让这本书流通到别的家庭里继续滋养亲情吧！

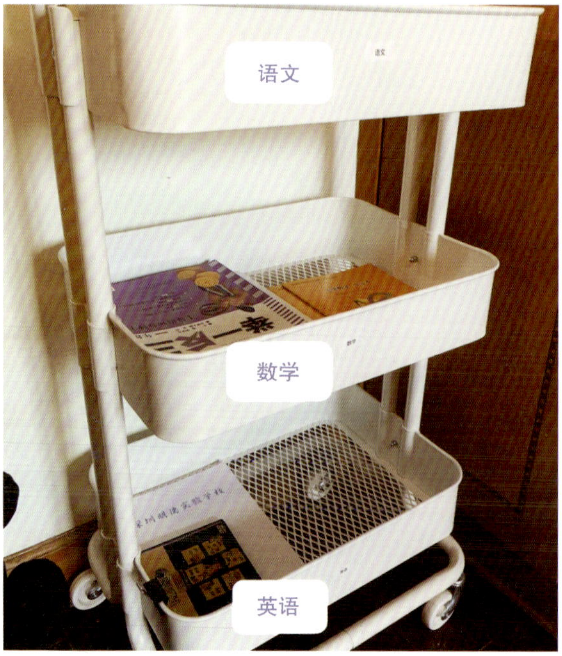

1
―
2

1　将抽屉按学科进行分区，并贴上相应的标签

2　推车的每一层对应摆放不同科目的课外参考书和工具书

△喵喵正在对阅读区的书籍进行整理，以保持书柜中书本数量的平衡

你看，亲子规划整理不仅能传递给孩子更多的生活之道，还能进一步提升大人的境界。

规划整理理念还可以运用到文具上。首先，把所有文具集中起来；其次，筛选出需要且好用的文具；再次，对留下来的文具进行分类，并按使用频率筛选出一定数量的文具；最后，根据就近原则和黄金区域法则，把需要的、常用的文具放在触手可及的区域，以便高效完成学习任务。

在家长的协助下，孩子能够很快、很轻松地完成某类文具整理，从而增强自我整理的信心和兴趣，逐渐掌握对所有物品乃至整个空间的规划整理能力。家长不妨从小件文具开始，与孩子一起做规划整理练习。

△规划整理理念可以运用到文具上：集中—分类—筛选—存放

在我家，整理是一件非常有趣的事情。每次我跟喵喵说“我们要做一次整理”，她都会兴奋不已。因为这是一次“释放”空间的机会，在这个过程中，通过重新审视、规划，能够更清楚地知道现有的物品是否还符合我们的生活状态，给予我们的是帮助还是阻碍。

喵喵经常在周末陪我去分享规划整理课程，在潜移默化中对规划整理理念并不陌生，甚至耳熟能详。因此，我并没有刻意向她强调、传递规划整理理念，而是注重在实践中做好示范，让她明白如何提升规划整理思维，定期对空间和物品进行俯瞰和思考，发现并反馈自己对环境的期盼，比如目前的空间规划有没有不方便的地方、收纳方式有没有需要改进的地方……只要将规划整理思维融入日常生活当中，空间和物品就可以实现高效的调整和迭代。

整理是让人终身受益的一门科学，是与孩子一起成长必不可少的理念和实践双向传递练习课。规划整理思维能够帮助我们处理物与人之间的关系，明确想要的生活是什么模样，从而获得更好的自己、拥抱更美的未来。如果孩子在小的时候就接触到规划整理理念，那对其以后的生活或者工作都有很大的益处。

08

亲子整理 让爱流动起来

我们是一个三口之家——爸爸、妈妈和儿子，我们仨有着不一样的思维模式和行为习惯，但我们珍惜在一起的时光，喜欢一起宅在舒适的家里，喜欢一起游戏和阅读，喜欢一起出行和运动……

小橙子是右脑思维占优势的男孩儿，个性鲜明，对音律非常敏感，非常喜欢图形和色彩，但很不擅长物归原位。因此，在进行空间规划时，我以小橙子的视角为基础，仔细观察他的行为习惯和动线后，采用了大致分类和粗略收纳的整理方法，让物品不仅一眼可见，而且取放方便，一步到位。我以陪伴的方式来引导他学习规划整理，目前他已有了初步的规划整理意识，基本上可以管理自己的日常物品——玩具、衣物和绘本。

亲子规划整理不仅可以让孩子从小习得自我管理的能力，还可以将妈妈从繁忙的家务中解放出来，更重要的是可以成为家人有爱的互动方式，增进

达人：Minnie

规划整理师（Life Organizer®），获得日本生活规划整理师协会（JALO）和规划整理塾一级认证

规划整理塾三级认证课讲师

擅长空间规划和亲子整理，善于倾听和连接客户的内外需求，是一位为了给予孩子更好的陪伴而一直学习成长的妈妈

居住城市：广东佛山

居住面积：139 平方米

房屋户型：四室两厅

家庭成员：爸爸　妈妈　儿子小橙子

我的脑型：左左脑

孩子基本情况：7 岁　小学一年级　右右脑

亲子关系。在亲子规划整理中，重要的从来不是整理本身，而是在带给家人舒适生活环境的同时让家人有了爱的连接，让彼此之间的爱流动起来。

我不是室内设计师，但我有一个特别的喜好——只要拿到一张户型图，就能津津有味地研究半天。因此，我们家的规划设计必然由我亲自负责。

进行空间规划，意味着要从俯瞰生活到俯瞰空间和物品，让空间和物品服务于我们和我们的生活。

在规划设计我们家的空间时，我首先考虑的是我们想过什么样的生活、什么样的家居规划可以让小橙子感受到家的温暖和舒适，并能满足他的成长需求……

每个人看重的东西是不一样的。即便是家人，喜好也会有所不同，孩子与成人更是有很大的差异。因此，我在了解家人的价值观共同点和差异性的同时，还根据小橙子的喜好为他设计活动和休息空间。

从生活上看，小橙子从小不管干什么都喜欢跟爸爸妈妈在一起，爸爸喜欢在工作和学习的同时陪伴着家人，妈妈我则不管是在工作、学习还是在做家务都喜欢随时关注并陪伴着小橙子。

于是，我设计了全开放式起居空间：将原来的客厅布置为爸爸妈妈的大书房，将原来的独立书房打通作为小橙子的儿童活动空间，将原来的封闭式厨房改造为开放式。这样一来，家人既同在一个空间又各有领地，既能做自己的事情又能彼此情感交融，这就是我们仨喜欢的一家人在一起的样子。

在装修时，我砸掉了隔开客厅和走道的墙，充分利用了空间，让儿童活动空间不管在实际使用上还是在视觉感受上都开阔了很多，满足了小橙子爱游戏、爱运动的天性，父子俩嘻哈打闹的身影经常出现于此。

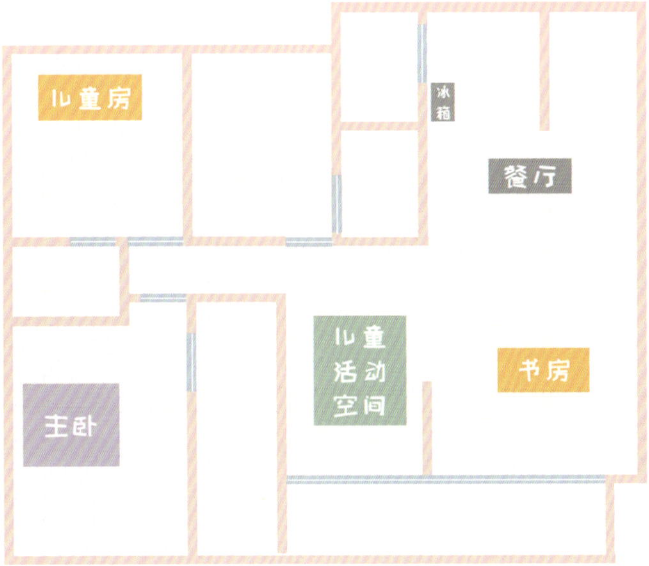

△整个房子的空间规划图

1 | 2/3

1 儿童活动空间的一角摆放着玩具柜、书柜、小书桌和懒人沙发

2 从餐厅看爸爸妈妈的大书房和小橙子的儿童活动空间

3 儿童活动空间的绘画涂鸦区域放有画架和绿板墙

我按照小橙子喜欢的方式，在儿童活动空间摆放了玩具柜，方便他取放玩具，并选用了他喜欢的或透明或彩色的收纳箱和收纳盒。

紧挨着玩具柜的是书柜，书柜对面是小书桌和可以随意坐躺的懒人沙发。小橙子刚上小学一年级，而且他所在的学校前三年基本没什么书面作业，因此，小书桌暂时放在角落，需要用时拉出来就行，很是方便。懒人沙发是小橙子的最爱，他经常坐在上面看书或窝在里面听爸爸妈妈讲故事。

小橙子从上幼儿园开始，每学期结束时都会带回很多绘画作品。我和他商量从中选出他喜欢的作品展示出来，每学期期末更换一次，这就有了沙发后面的作品展示墙，同时也是装饰画，一举两得。我们家的墙面基本上都留白了，以期展示他更多的绘画作品。此外，我还准备了画架和绿板墙，满足他绘画涂鸦的需求。

儿童房目前主要是小橙子休息、睡觉的地方，暂时分成 3 个区域：睡眠区，偶戏区，更衣区。简单来说，就是一张小床，一个小衣橱，一个娃娃屋。

睡眠区就是一张小床。由于小橙子睡觉爱翻滚，我特意把他的小床和飘窗并在一起当大床用，这样他就可以“大闹天宫”了。当然，这也让我们享受了更好的亲子睡眠时光。

偶戏区就是一个娃娃屋。小橙子虽然是男孩儿，但很喜欢各种布玩偶，偶尔（特别是小伙伴来家里玩的时候）还喜欢躲在卧室里演偶戏。因此，我特意为他布置了一个娃娃屋，留出足够的空间供他和小伙伴们玩耍。

更衣区就是一个小衣橱。小橙子刚上小学，还处于快速发育阶段，衣服很快就需要更新，所以我只为他添置了一个可移动、可调整高度的小衣橱。

1/2

1　睡眠区就是一张小床，和飘窗并在一起

2　游戏区就是一个娃娃屋，供他和小伙伴们玩耍每次看到小橙子在他的个人空间里那么自由和享受，我的心里总是很欣慰。

在亲子规划整理中，尊重孩子的价值观非常重要，只有了解孩子的思维模式和行为习惯，才能更好地规划适合孩子的收纳系统。

小橙子的惯用脑型是右右脑，在右右脑思维模式的影响下，他不擅长归位，如果物品不明显地摆在眼前，他就看不见。而我的惯用脑型是左左脑，与他的思维模式是相反的。虽然我一直在学习了解孩子、注重个人成长，而且非常尊重小橙子，但我也是在系统学习了生活规划整理之后，才真正规划出适合他的收纳系统的。

小橙子的衣橱原本是一个钢架布衣柜，内部架构很简单，就是一个层板加一个挂衣杆，而且都是可以调整的。由于既是低龄儿童又是右右脑型的小橙子不擅长收纳，收纳空间必须一望而知，收纳方式必须一步到位，于是我除掉衣柜的外衣，改造成开放式衣橱，把挂衣杆调整到适合小橙子的高度，挂上他的当季外穿衣物。这样一来，小橙子不仅可以一目了然地挑选自己要穿的衣服，还可以轻松地把晒好的衣服拿过去挂好，养成独立管理自己衣橱的习惯，一举两得。

后来，我找来尺寸合适的抽屉放在衣橱的顶部和底部，用来收纳一些不常用的衣物和需要折叠的衣服等。目前，衣橱顶部的 4 个抽屉分类放置着非当季衣物，暂时由我来管理；底部上层 2 个抽屉分别放置着小橙子的功能性衣服（跆拳道服、篮球服）和内裤、袜子、家居服，由小橙子自己管理，有意思的是，他还创造了新的内裤折叠法；底部下层 2 个抽屉分别放置着小橙子的卧室床上用品和在学校用的换洗床品，暂时由我来管理。

1 更衣区就是一个小衣橱，不仅可以移动，而且可以调整高度

2 小衣橱的上层右边抽屉里放着小橙子的跆拳道服和篮球服

1
2

1　小衣橱的上层左边抽屉里直立摆放着内裤、袜子和家居服

2　小橙子用自己创造的方法叠内裤

小橙子对这个小衣橱非常满意，每当有小伙伴第一次来我们家，他都会很得意地介绍这是他和妈妈一起规划的衣橱，很是可爱。

考虑到孩子的成长性，跟小橙子商量后，我选用了书柜 + 文件收纳盒的方式来收纳他的各种书籍。

书柜的整体结构很简单，由 4 个搁板和 3 个大抽屉组合而成。

从上到下来看，第一层和第二层放工具书、表哥送的书和全文字书等小橙子暂时用不上或者自己看不懂、只能由爸爸妈妈讲的故事书，由我来管理。

第三层放小橙子已经读过且会反复再读的书，由小橙子和我一起管理。这一层的中间放置了一个大文件收纳盒，这是我的收纳小技巧，能让小橙子在取放书籍时书不会乱倒，非常好用。

第四层是小橙子新买或常看的绘本，按系列或按新旧程度放在不同的小文件收纳盒里，并定期轮换到第三层。每次小橙子都直接将一整个小文件收纳盒拿走，将系列书一次看个够，而且拿走其中一个文件收纳盒不会影响其他书的摆放。

小橙子的床头也有一个小文件收纳盒，放着他睡前要读的绘本（不定期更换），既方便取放，又不占空间，他非常喜欢呢！

书柜下方的 3 个大抽屉里放着小橙子的各种玩具。我根据小橙子的右右脑思维特征，选用了比较大的无盖收纳盒，让他对物品进行分类摆放，只要拉开抽屉，所有物品就一目了然，方便取放。

在日常生活中，我几乎没有教小橙子如何做整理，更多的是陪伴他一起整理他的物品。

1
—
2

1　考虑到孩子的成长性，选用了书柜 + 文件收纳盒的方式来收纳书籍

2　书柜下方的大抽屉用来收纳各种玩具，并用无盖收纳盒进行分类摆放

印象比较深刻的一次亲子整理，是在小橙子 5 岁的时候。当时，幼儿园组织了 4 天 5 夜的毕业旅行。这是小橙子第一次没有爸爸妈妈陪在身边，而且一连外出 5 天。对于一个孩子来说，这是一个不小的挑战。

不过，当时的小橙子对毕业旅行充满了期待，对自己充满了信心。作为妈妈，我能帮他的就是马上引导他学习自我管理。

我选择用协助整理行李的方式来引导小橙子进行自我管理：首先，列出清单，陪他一起准备和选购需要的物品；然后，在临走前一天引导他去俯瞰所有要带的物品，确保没有遗漏；最后，和他一起整理行李箱，将物品一一放好。

整理时，我主要引导和协助小橙子做好分类，将物品分为随身物品和其他物品——随身物品要放到背包里，其他物品则进一步分类收纳到行李箱里。

我问小橙子："你的衣服要不要按照套装摆放呢？"擅长搭配衣服的他立马就来劲儿了，很快就把上下装搭配好，并把内裤叠好一件件地放到套装中间，高兴地说："我洗澡时直接拿一整套就可以咯！"

我又问小橙子："你吃东西时需要用纸巾擦嘴吧？"他立刻把纸巾放到背包旁边，说："对呀，而且我上大号时也需要用纸巾。"

……

就这样，我和小橙子很愉悦地整理好了行李。

其实，那时的我也不知道小橙子会怎样照顾自己和管理自己的物品，因为他一直都由我和先生照顾着，但我不知道从哪里来的底气，就是一点儿都不担心他，或许是因为他对自己有信心吧！

旅行结束后，小橙子的老师对我说："你家孩子很会照顾自己，特别会管

△在整洁舒适环境中生活的小橙子，已经学会独立整理自己的物品

理自己的物品，连我都需要向他学习。你在家常常教他整理吗？”

我愣了一下，笑了笑，不知该说什么。因为这真是让我很意外——我平时很少主动引导他做整理，这次也只是在他出发前陪他一起整理行李而已。

不过，这件事情让我深刻地意识到，我平时整理和管理家中物品、空间的做法，是会让小橙子耳濡目染的。当我站在他的视角协助他规划出适合他的收纳系统时，我与他的爱的连接就更紧密。

孩子对父母有着无限的爱与信任，父母的一言一行，孩子都会学习和吸收，并变成自己的一部分。爱，让孩子稳步前行。每天都生活在整洁舒适的环境中，就是一种爱的滋养。

09 用整理教会孩子独立

2016 年，我在准备装修房子时接触到了整理。受日本近藤麻理惠老师整理理念的影响，我对整理有了新的认知。摸索着在搬家时做了一次大整理后，我开始了新的生活。

新家装修是按照我和先生的想法规划的。受房子面积的限制，储物空间必须提前规划设计到位，入住以后也尽量只买必要物品来合理利用空间。

入住新房后，瑞瑞的过敏性咳嗽有所好转，从原来每天夜里都要咳嗽到后来一周咳嗽一两次再到现在痊愈，压在我心头的一块大石头终于落了地。我意识到家庭环境对瑞瑞的健康有多重要！他需要的不是堆积如山的玩具，而是一个良好的生活空间。

与此同时，先生更爱参与做家务了。我感受到了一家人为打造舒适小家而共同努力是一件无比幸福的事情。

达人：Jenny

规划整理师（Life Organizer®），获得日本生活规划整理师协会（JALO）和规划整理塾一级认证

规划整理塾三级认证课讲师

日本生活规划整理师协会（JALO）和规划整理塾认证亲子规划整理师

擅长用整理小道具帮助孩子养成好习惯，相信亲子整理是创造幸福家庭的最好方式

居住城市：北京

居住面积：60 平方米

房屋户型：两室一厅

家庭成员：爸爸　妈妈　儿子瑞瑞

我的脑型：左左脑

孩子基本情况：8 岁　小学三年级　左右脑

收获了规划整理带来的改变，我们决定以每个人管理好自己的物品为生活目标。

于是，我改变了原来对瑞瑞的纯代劳模式，通过小游戏让他有了整理的意愿，划分界限让他知道哪些是他该做的事情，协助他找到适合的整理方法让他能够持续整理下去。

我和先生在亲子规划整理目标上达成了共识：不是教瑞瑞把房间收拾得多么整洁、把衣服叠得多么整齐，而是在给他足够信任的前提下为他提供锻炼的机会，培养他将从整理中学到的方法运用到生活和学习中的能力。

和瑞瑞一起做规划整理的这两年，我们的亲子关系越来越融洽，我生活得更加轻松愉悦，他的各方面能力也得到了培养、锻炼，其中最重要的就是独立能力——不仅实现了人格独立，而且逐渐形成了独立思考和解决问题的能力。

当初我们买房的一个基本要求就是要有瑞瑞的专属空间，于是我们选择

△根据瑞瑞意愿来打造的充满海洋风格的儿童房

了现在的小两居户型。他的儿童房虽小，功能却一点都不少，除了衣服外，几乎容纳了他的所有物品，并划分为睡眠区、学习区和阅读娱乐区。

在装饰儿童房时，瑞瑞说想要住在充满海洋风格的房间里。经过商量，我们决定把儿童房的一面墙刷成蓝色，再配一个星空灯，让他在床上躺着就可以数星星。然后，我们引导他："那海洋里还需要什么呢？"他兴奋地喊："我还要一个小鱼挂钟！"挂钟到家后，他开心地用小海星贴纸装饰自己的小天地。可见，打造一个舒适的休憩小港湾，就可以大大提升孩子的幸福感呢！

本来在瑞瑞 6 岁时，我们就成功分床睡了，但他生病后，为了方便照顾，就又一起睡大床了。出乎意料的是，有一天瑞瑞放学回家，进入儿童房后一眼就看到了他最喜爱的床品，他兴奋地扑上去说：“太好了！我决定从今天开始自己睡！”打造孩子喜欢的睡眠环境竟能带来这么大的改变！

在规划孩子的使用空间时，除了考虑安全因素外，还需要多站在孩子的视角去考虑空间规划是否合理、方便，找到对孩子最友好的收纳规划，让孩子在自己的空间里如鱼得水。

瑞瑞的学习区在床右侧的临窗位置，这是他上小学以后使用频率最高的空间，看书、上网课、做作业都在这里完成。为了满足他近些年的使用需求，我们还为他更换了长达 1.2 米的学习桌，并且只在桌面上放置常用的学习用品，让他能更专注地学习。

瑞瑞从小就特别喜欢看书，因此，我们为他打造了一个开放式书架。虽

△儿童房内的书架采用开放式设计，方便爱读书的瑞瑞频繁取放书籍

然开放式设计容易落灰、在视觉上也会显得杂乱，但考虑到封闭式书柜需要每次都打开柜门取放，多少会影响到他阅读的频次和兴趣，我们最终还是选定了开放式。

上小学以后，瑞瑞的玩具数量就在逐渐减少，一是他这个年龄段对玩具的需求不大，二是他的确没有学龄前那么多可自由支配的时间。搬入新家后，他的玩具更是没剩多少了，偶尔玩玩具也是在沙发和茶几处。

我们把瑞瑞的所有玩具都放在了儿童房里，用原有的置物架放上不带盖的收纳筐来收纳经常玩的玩具，并按照他的分类标准制作标签对应贴在收纳筐上。由于占用的空间不多，使用频次也不是很高，他从儿童房拿取和放回玩具都不是麻烦事。

△跟随我们搬过 3 次家的置物架，用来放瑞瑞的常用玩具收纳筐

在收纳拼图时，我们一般会去掉包装盒，把拼图模块装入密封袋直立放在收纳筐里。当然，我们会把包装盒的封面大图剪下来。这样一来，既保留了参照图，又节省了收纳空间，一举两得。

有些拼图背面没有任何标记，如果保管不善，就很容易和别的拼图弄混，再想找出来相当耗时费力。对此，瑞瑞想到把每一块拼图都编上序号，并在对应的大图上标注相同的序号。这样一来，即便不同的拼图混在一起，也可以按照序号快速将它们“送回各自的家”。

瑞瑞玩具的另一个收纳地点是床下的抽屉。左侧抽屉主要用来收纳他的回忆物品——旅游纪念品、干妈送的尤克里里等，这些物品虽不常用，但对于他来说，纪念意义远远大于使用价值。右侧抽屉主要用来收纳体积较大的玩具和不经常玩的玩具，目前放着玩具车和模型车。

抽屉是非常好用的分类收纳工具，而且男孩儿的衣服以纯棉为主，折叠起来非常方便，因此，我们选用了抽屉柜来做瑞瑞的衣柜。

以冬季收纳为例。我们首先找到抽屉柜的使用黄金区——以瑞瑞目前的身高来说，第二层抽屉使用起来最方便——来收纳当季内搭衣物，包括秋衣秋裤、保暖衣裤、内裤和袜子。

第一层抽屉收纳了瑞瑞所有的换季（夏季）衣物，第三层、第四层、第五层抽屉则按照类别分别收纳当季上衣类、裤子类、居家用品类衣物，最后在抽屉柜表面贴上分类标签即可。

上衣类包括春季、秋季、冬季 3 个季节薄厚不等的衣物。我将瑞瑞当季（冬季）常穿的厚上衣放在每层抽屉的靠外区域——这是抽屉的黄金区，方便取放物品，春季、秋季的薄上衣则往里放，换季时只需将衣物前后调换位置

1|2
3

1　将去掉包装盒的拼图模块装入密封袋直立放在收纳筐里，可以节省空间

2　在每一块拼图和对应的大图上标注同样的序号，方便管理

3　床下的抽屉用来收纳使用频次较低的玩具

△大容量的 5 层塑料抽屉柜收纳了瑞瑞除厚外套以外的所有衣物，每层对应收纳一个衣物类别

就可以了。

抽屉柜内的衣物全部采用一目了然的直立收纳方式，方便取放。要想视觉效果更好，还可以按照颜色由深到浅的顺序进行排列收纳。

如果同一层抽屉放有相同颜色或款式的衣服，我们会将衣服有图案的那一面叠在外边。这种折叠方式是我在无意中研究出来的，比“心动法”和“口袋法”的折叠步骤简单，非常适合孩子操作。

瑞瑞很占空间的厚外套挂在了我和先生的衣柜中，我们为他打造了专属挂衣区。目前衣柜的高度不适合他的身高，我们便给他配了一个小凳子，方便他自己取放衣物。

我们用门后挂钩来收纳瑞瑞的睡袍、背包和每天用的红领巾、小黄帽。将常用的物品悬挂收纳，既方便取放，又节省空间。

1/2

1　让所有衣物都“站”起来，既一目了然，又方便取放

2　将衣服有图案的那一面叠在外边，便于区分颜色或款式相同的衣服

△在我和先生的衣柜里为瑞瑞打造出专属挂衣区

△用门后挂钩收纳常用衣物，既方便取放，又节省空间

亲子规划整理需要随着孩子年龄增长不断调整，如此才能满足孩子的成长需求，方便孩子自己管理物品。这样的收纳才是好的收纳。

暑假期间，瑞瑞把家里折腾得连他自己都无法忍受了，他决定好好整理一下，便邀请我一起规划。

面对散在房间各处的玩具、文具和杂物，别说他，就连我也会觉得无从下手。这时候不能着急动手，我决定先和他完成头脑整理。

我们在白板上列出了行动步骤：

第一步：观察待整理物品的类别，评估需要采用的分类方法。

第二步：将物品全部收集在一起。

第三步：确定分类方法。

第四步：动手整理。

在我引导瑞瑞观察物品的类别时，他很快就在纸上列出文具、玩具和其他三大类别，最后又加了一类：垃圾。

动手整理时，瑞瑞对照四色布分别代表的物品类别逐一对自己的物品做判断，不清楚如何归类时便询问我的意见，我一引导他想象物品的使用场景，分类就变得容易了。

在分类过程中，瑞瑞对物品类别的判断速度之快，让我怀疑他没有认真对待。他被误解后很委屈地说："你是不是看我太果断，就不相信我的判断力了？"我听后立刻反思，我应该相信他有这个能力的。

△瑞瑞正在认真地用四分法整理自己的物品

当然，瑞瑞也有犹豫不决的时候。在判断物品类别时，他经常采用很多标准：适不适合，有不有趣，喜不喜欢……我尊重他的决定，就像他自己说的：“物品没有了任何意义，我才会做出舍弃的决定。”

我们能顺利完成整理，还得归功于四分法，瑞瑞按照事先定好的标准进行归类，做判断时思路就非常清晰。整理完成后，他说很喜欢我们一起整理好的家，找物品都比以前快了很多。

有一次，我建议瑞瑞对自己的书籍进行整理。瑞瑞同意后，我们便愉快地开始了。

我们一起把所有书籍搬出来后，瑞瑞说：“妈妈，今天是对我的书籍进行整理，得让我做主，你当我的助手就可以了。”听他这么说，我赶紧把快到嘴边的“指示”收回去了。既然由他主导，我就遵循多听少说的原则。

我原本想让瑞瑞采用四分法进行整理，可他坚持采用“要”和“不要”的两分法。他记得整理的步骤，很快就写好了纸条：红布代表不要的书，绿布代表要留下的书。

整理时，瑞瑞说要像搭积木那样把留下的书搭起来。我虽然不太同意他的做法，但还是忍住没说什么，最后他还真的把“书积木”搭好了。可见，孩子天生就有丰富的想象力，游戏式整理能让他们从中找到乐趣，激发整理的干劲。

在给书“安家”的时候，我们遇到了一个难题。按照瑞瑞的安排，他递书、我摆放，可试了几次后就发现，我总是对他所说的方位存在理解偏差，导致摆放位置和他想要的不一致。后来，他想到了一个办法：将书柜分成 6 个区域 A~F，并在每个区域贴标签。“把《新月集》放到 F 区。”他递过来书的

1
―
2

1 将所有书籍搬出来后，瑞瑞按照“要不要”的标准进行筛选

2 瑞瑞用自己喜欢的方式整理留下来的书，这是他搭好的“书积木”

时候，念着书名、说好定位，我只管看好标签摆放即可。

整理不是目的，而是育儿过程中用到的道具之一。大人替孩子做决定虽然快速、简单，但也会让孩子失去学习和成长的机会，而整理能让孩子在动手操作中学会自己做决定。

进行亲子规划整理后，我觉得瑞瑞成长了很多，独立思考和解决问题的能力大大提升。在亲子规划整理的过程中，我不仅理解了孩子，更了解了自己，就好像整理了一遍我的心。

我想，以后只要瑞瑞需要，我愿意成为陪他一起成长的整理教练。

10 不会整理的妈妈很难培养出有条理的孩子

在萱萱5岁多的时候，我们搬了新家。在她的要求下，我们把她的房间刷成了粉色，特意选了一张粉色的皇冠公主床，配上紫色的公主衣柜，一切都是那么美。然而，渐渐地，她的房间因为到处堆满玩具变成了大家都不愿进去的“重灾区”。

那时候，我时常因为萱萱不懂收拾而责怪她，直到2018年6月的一天，我和先生因为找物品起了争执，我才意识到我责怪孩子不懂收拾，自己又何尝不是呢？她找不到物品在哪儿、随意乱放物品的样子像极了我。我突然明白，有问题的不是孩子，而是我！

于是，我去学习了规划整理课程，并把规划整理运用在亲子整理实践中。

达人：乔木

规划整理师（Life Organizer®），获得日本生活规划整理师协会（JALO）和规划整理塾一级认证

规划整理塾三级认证课讲师

成功“自救”的规划整理师

居住城市：贵阳

居住面积：145 平方米

房屋户型：三室两厅

家庭成员：爸爸　妈妈　女儿萱萱　儿子晨晨

我的脑型：左左脑

孩子基本情况：萱萱：8 岁　小学二年级　右右脑

晨晨：3 岁　幼儿园小班　左左脑

两年多来，改变最大的就是我自己，而萱萱在我的影响下也有了十分大的转变。虽然她偶尔还是会写完作业不收拾书桌，但已经不会出现找不到东西的情况了。让我惊喜的是，她现在逛商场只会认真挑选一两样自己特别喜欢的物品，而不是随意购买。

我想，我的规划整理不仅在萱萱的脑中印上了一幅家庭物品地图，而且在她的心里重新建立了持有物品的标准，甚至对她的判断力和决策力也有不同程度的提升。

我是如何运用规划整理的方法来做亲子整理的呢？首先要从亲子空间规划说起。

从 2018 年到 2019 年，我多次调整亲子空间规划。这主要是为了适应两

个孩子不同成长阶段的变化。虽然时间不到两年，但涵盖了萱萱“幼升小”和晨晨上幼儿园的阶段。

如今，萱萱是上小学二年级的小姐姐，晨晨也是读幼儿园小班的小哥哥了。为此，我又进行了一次亲子空间规划调整。

第一，调整学习区。

我将萱萱的学习区从她的房间搬到了书房。这主要是考虑到我要求她每天做完作业后要把第二天的书包整理好并放到玄关处。按照以前的规划动线，

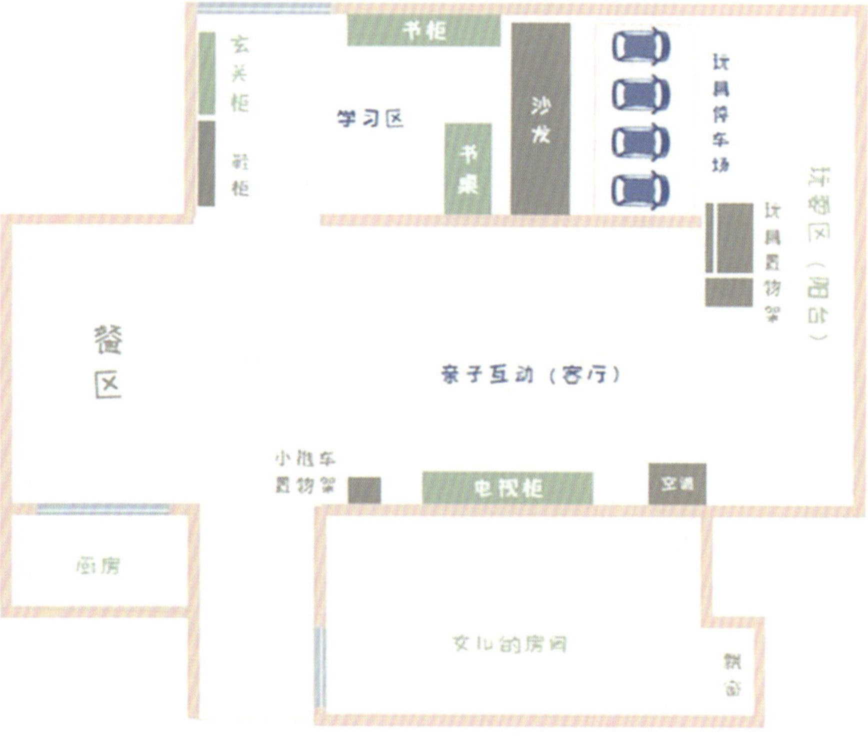

△整个房子的空间规划图

△紧挨玄关的书房是萱萱的学习区，方便她放学回到家就立刻学习

她每天放学后需要背着书包穿过书房、客厅到自己的房间，做完作业、整理好书包后，再穿过客厅来到玄关（玄关和书房在一起）。看着她小小的身子每天背着几十斤重的书包来回走这些没用的路，当妈的不出得心疼她。

趁着 2019 年 7 月重新装修书房的机会，我添置了宜家的卡莱克 5 层五格柜作为玄关柜，还买了一张书桌放在书房。萱萱每天回家后把书包放在玄关柜的放包处，然后在旁边的书桌上写作业，写完作业再到玄关柜放包处收拾好书包即可。

第二，设置“停车场”。

有孩子的家庭免不了买各种各样的玩具车，我们家也不例外，并且很多

△书房沙发背后的“停车场”是孩子们最爱的“秘密基地”

车的数量都乘上了“2”。为了让孩子们养成归位的习惯，我特意在书房的沙发背后设置了一个“停车场”，放置由他们筛选出的最爱玩的车。

由于正好被沙发靠背挡住，从正面看是发现不了这个“秘密基地”的。遗憾的是，这个基地稍小，不能放下孩子们所有的车，只能放置他们最喜欢、最常玩的车，其他不常玩的车则被放在储藏室里，等他们想起来找我要时再拿出来。

第三，整理萱萱房间里的飘窗。

萱萱的成长可以通过飘窗的变化体现出来。

在 2018 年第一次整理房间时，我们把飘窗设计成了“芭比梦想之家”，布置了芭比的“豪宅”，并放有不同的芭比娃娃——有的躺在床上睡觉，有的坐在楼梯上，有的正在美发。当时的萱萱对“芭比梦想之家”非常满意，课余时间最喜欢坐在这里玩。

不过，“芭比梦想之家”逐渐显现了弊端——在打扫房间时，由于上面的物品比较散，一个个拿开太麻烦，不拿开又不好清扫。于是，我暗暗嫌弃这个飘窗设计。

在 2019 年一次整理房间时，我告诉萱萱，我有一个更好的飘窗设计方案——“安静角”，可以让她在这里看书、和朋友聊天甚至是一个人发呆，不过这个方案的缺点是她需要牺牲“芭比梦想之家”，因为家里没有别的地方安置它们。

其实，我当时只是试探一下，可没想到萱萱居然同意了。在之后的整理过程中，她不仅能快速地选出哪些玩具是不要的、哪些是要装在箱子里收起来的、哪些是保留在外面玩的，而且能对每个选择做出具体的解释，让我颇为惊喜。

在亲子规划整理中，我认为物品收纳的原则是好拿好放，越简单越好。

在我学习规划整理之前，晨晨还处于婴儿期，我发现家里总是散乱地放着他的尿不湿、湿巾、纸巾、紫草油、包被、背带、腰凳。我和先生经常会有这样的对话：“老公，帮我拿一下 ××。”“在哪儿？”“你找一找！”

后来，我在网上买了一个 4 层小推车，把上述物品全部用直立法进行收纳，放在客厅的电视柜旁，大家使用起来都感觉非常方便。晨晨会走路后，我常常偷懒让他自己拿尿不湿过来换，他也非常乐意干这样的活儿。

现在晨晨已经不用尿不湿了，小推车的第二层就空了出来。因为他非常

1/2

1　2018 年第一次整理后的飘窗："芭比梦想之家"

2　2019 年整理后的飘窗："安静角"

喜欢在客厅里一边看奥特曼影片，一边玩奥特曼玩具，所以我决定在空出来的第二层放他的奥特曼玩具。

在整理的过程中，我突发奇想：让奥特曼们排排站。我超级兴奋地喊晨晨过来，他看了之后也很高兴，于是我说："你来给他们排队吧！"

不过，"把物品竖着放"这个对大人来说很容易的动作，对小孩来说却不好办。晨晨摆弄了半天，奥特曼总是倒下。

在晨晨快要失去耐心的时候，我灵机一动，说："既然他们排不了队，不如让他们睡觉吧！以后你不玩的时候，记得让他们回家睡觉哦！"然后，我索性把奥特曼们全部放倒。

显然，对晨晨来说，让奥特曼们睡觉比让奥特曼们排队更容易做到，当然也就更有整理的动力。

很多大人喜欢把衣服挂起来而不是叠起来，但对比较小的孩子来说，他们既不会叠也不会挂，不过，他们可以做到拿和放。因此，对于比较小的孩子的衣服收纳，我推荐使用抽屉。

由于我们还没有给晨晨布置单独的睡房，我便在我们的衣柜里分了两个抽屉和一个挂杆给他。

我原本憧憬我可以躺在床上指使晨晨拿出自己的衣服来找我换，但后来我在实践中发现，挂杆上的衣服对现在的他来说不太方便取放，即便我已经把挂杆调得很矮了，可对他来说还是稍微高了一点。

不过，抽屉里的衣服由于采用直立收纳法，内部也做了分类，晨晨完全可以自己拿取和放回衣物。

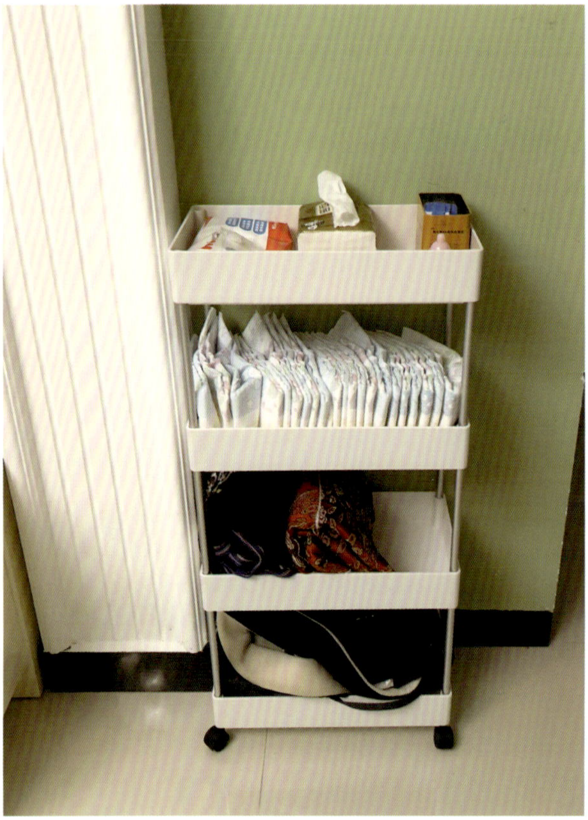

1
2

1 晨晨还是婴儿时，用来收纳他的杂物的 4 层小推车

2 晨晨不用尿不湿后，小推车的第二层用来放置奥特曼。对晨晨来说，让奥特曼躺下是更好的收纳方式

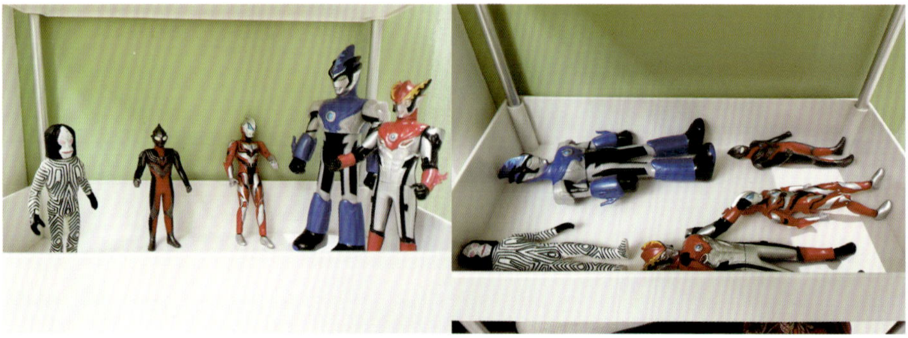

△在大人的衣柜里分出两个抽屉作为晨晨的衣物区，由于采用直立收纳法和标签分类法，晨晨可以自己取放衣物

因此，我建议在为 4 岁以内的孩子做衣物收纳时，尽量使用适合他们高度的抽屉，并且采用直立收纳法。当然，冬天的外套和厚衣服还是挂起来比较合适。

在这里说一个我走过的小坑。

现在萱萱的学习区设在书房，书房的书柜里有一格是书本替换区，存放第二天不需要带到学校的课本、在近期“每日阅读”活动中阅读的课外书。

受直立收纳法的影响，我之前是竖着放置收纳盒的，这就要求萱萱必须把书直立着放下去，但有的书本很薄，没有支撑就会倒下去，导致她根本看不见里面放了哪些书本。

1/2

1　调整前的书本替换区采用直立收纳法，取放不方便

2　调整后的书本替换区将收纳盒横放，方便取放

渐渐地，我发现萱萱不爱用这个书本替换区，而是把书本直接放在了书桌上。于是，我调整了一下，把收纳盒横着放，结果得到了她的表扬："之前那样放多麻烦，这样多好！"

在教孩子做整理时，我认为前期的沟通和仪式感非常重要。

前期的沟通包括确定目标和方案。

第一，确定目标。

孩子没有特别具象的感受，无法想象和展望整理之后自己在房间里怎么生活。这就需要家长给予一定的引导，特别是进行可视化呈现。这类方法有很多，可以上网找一些图片给孩子看；也可以带孩子逛逛宜家，让孩子在视觉上有直观的感受，帮助孩子发掘内心的需求；还可以和孩子一起玩画画游戏，让孩子画出自己理想中的房间，当然，并不是要把房间整理成画上的样子，而是通过孩子的画看到其内心的一些需求。

有一次，我无意中看到萱萱在美术课上画的自己理想中的房间：很大的鞋柜里有好几双高跟鞋，衣柜里全是漂亮的裙子。虽然我不会在她的房间里摆一个大鞋柜并放上高跟鞋，但是我能体会到小女生对美的渴望。所以，我决定在下一次的整理中扩大她"臭美区"的地盘：在她的衣柜里设置一个区域来收纳她的发饰、指甲油等小女生臭美用的东西。

第二，确定方案。

每次我决定对萱萱的房间"大动干戈"都不是突发奇想的，我会提前几天找机会和她聊天。在确认了目标之后，我还会和她一起确定方案。我会告诉她我的方案是什么，然后和她探讨什么地方需要修改，一起商量出最终的方案。

1
—
2

1　经过规划整理，萱萱的房间既整洁有序，又符合她的爱美需求

2　萱萱主动打扫房间，以维持自己动手整理的成果

方案主要包含两个方面，一方面是房间内部的区域划分，比如划分出学习区、“臭美区”、衣服的悬挂区和叠放区等；另一方面是物品分类，比如确认画画工具是需要单独分类还是和学习用具合成一类，玩具如何细化分类等。需要注意的是，只要孩子能记住，就是好的分类法。

做完前期的沟通之后，就是营造仪式感了，也就是让孩子有所期待。

通常我会选择在周一或者周二做前期的沟通，沟通完了之后，我会说：“那好，我们就在这周六一起行动吧！”每一次，萱萱都会非常期待，并且在等待的那些天里，我们会时不时地对方案的内容进行讨论。

到了约定的那一天，萱萱很兴奋，我们把房间里的物品全部搬出来，然后按照提前定好的分类标准来筛选物品。需要注意的是，有的物品孩子能直接筛选，有的物品则需要用喜欢、不喜欢、常用、不常用的四分法来帮助孩子做出取舍。

在整理的过程中，我清楚地看到萱萱珍视的物品居然不是那些漂亮的玩具，而是别人送给她的礼物。

有一次，在整理衣物的过程中，我拿起一条已经不能穿的裙子问萱萱要放在“回忆类”还是“丢弃类”时，她想也没想就回答我当然是放在“回忆类”，因为那是她和“咪”（姥姥家楼下的一只流浪猫）第一次相遇时穿的裙子。

孩子的世界真的很奇妙，大人认为那是一条裙子，在孩子眼里那却是一段回忆。因此，不要用大人的价值观来引导孩子做规划整理。

让孩子在童话世界里感受美好，对未来生活心生向往吧！

11 爱Ta就陪Ta一起整理

家是给人带来舒适、放松、安全并且充满爱的感受的空间。如何与孩子共同打造并维持空间的清爽与整洁，是我对亲子整理最初的理解。

然而，理想很丰满，现实很残酷。在我家进行亲子整理的结果总是事与愿违，在教孩子整理、与孩子一起整理的过程中往往爱恨交织，孩子经常对我善意的提醒产生抵触心理，从而故意不整理。作为专业的规划整理师，那个时候的我感到非常挫败。

在不断地深入学习规划整理后，我意识到不管是亲子整理，还是夫妻共同整理，或是帮父母整理，整理都只是手段，理想的生活才是我们的目标，这不仅包括舒适的空间，更重要的是和谐的关系。为了追求舒适的空间而伤害和谐的亲子感情，岂不是本末倒置？

于是，我把焦点从物品与空间转向人。在亲子规划整理中，以孩子为主

达人：Kiku

规划整理塾联合创始人

规划整理师（Life Organizer®），获得日本生活规划整理师协会（JALO）和规划整理塾一级认证

居住城市：北京

居住面积：150 平方米

房屋户型：三室两厅

不爱整理的整理达人，将以人为本的规划整理理念渗透在生活的点滴中，对他人不掌控，对自己不纠结

家庭成员：爸爸　妈妈　儿子 Asher

我的脑型：左右脑

孩子基本情况：9 岁　小学四年级　右右脑

角，从孩子的视角出发，配合孩子的习惯，一起找到有效的整理收纳方法。只有本着尊重彼此的原则，才能开启亲子整理的和谐生活。

规划整理教会我以不同的视角去看待事物，理解不同的孩子看待自己物品的方式不同，管理自己物品的方法也会各异，父母要时刻提醒自己在理解孩子的基础上找出对孩子友好且适合的收纳方法来协助孩子进行整理。

在践行亲子整理的过程中，我们搬了很多次家，从北京到泰国，又从泰国回到北京，重新租房，打造新的家。不断变换地址的家，因为有了亲子整理作为纽带，并没给 Asher 带来任何不适应或不舒服。

整理带给 Asher 的收获，不仅是空间上的清爽、时间上的节省，更是通过整理物品提高自己做选择的决策力、做事情的坚持性与责任感、对不同想法与事物的接纳力。

同时，与 Asher 一起整理让我更加了解他，看到他的与众不同，增加对他

△Asher 的房间分为学习区、游戏区、休息区和阅读区

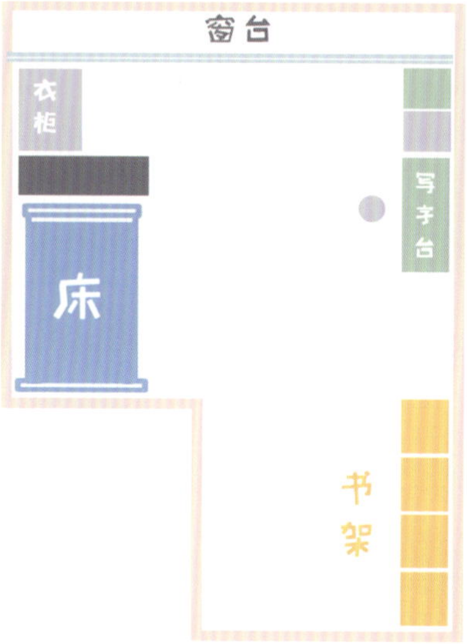

△Asher 房间的空间规划图

的理解与接纳、信任与支持，也让我坚信他能够在未来主宰自己的生活。

Asher 的房间格局方正，有一个写字台、一个整体书架、两个衣柜和一个双层床。我们按照家具的不同功能进行了区域划分，分别是学习区、游戏区、休息区和阅读区。

1. 写字台

Asher 的写字台是写作业和做手工的地方。在这里，他坐在椅子上就可以拿到与学习相关的物品。

一开始，我认为桌面上没有必要摆放那么多文具，但是 Asher 坚持“我的地盘听我的”，于是我要做的就是提醒自己尊重他的选择，多听他的想法。

1
2

1　Asher 按照自己的需求把常用的文具都放到了书桌上

2　写字台的抽屉里分区放置着 Asher 的库存文具

他向我解释道："所有可用的铅笔都集中放在笔筒里，写作业时铅笔头用秃了就可以及时更换，不用浪费时间准备文具。"除了原有的笔筒，Asher 还把月饼盒进行了改装，做成了笔筒和笔盒。

Asher 的惯用脑型是右右脑。右右脑型的人很有创造力，喜欢用彩色的收纳工具对物品进行区分，不喜欢收纳的过程过于烦琐，喜欢将物品摆在外面，否则会完全忘记物品的存在。

写字台的抽屉里放着 Asher 的库存文具。在抽屉里进行分区收纳时，有一个小窍门：先将抽屉分成格子，再放小件物品。如此一来，所有物品一目了然，方便快速找到物品。具体使用什么工具来收纳，可以由孩子来选择，而且并不需要多余的花销。比如，Asher 选择了食品盒来收纳橡皮、转笔刀等。

2. 衣柜

Asher 的衣柜基本上没有关过柜门。上衣一般采用悬挂式，袜子、内裤等则用不同颜色的收纳盒来装，而且并不要求摆放整齐，只需他分别扔进不同颜色的盒内即可。毕竟，步骤越简单，孩子越容易完成。衣柜最底层的书包里则放着 Asher 上不同兴趣班所要用的物品。

衣柜保持整洁的关键就是衣服的总量少。Asher 的衣柜里有当季上衣、外衣、裤子各 7 件，加上平时要洗涤替换，通常衣柜里收纳 3 至 5 件不同的衣裤就完全够穿，而且看上去比较清爽。

3. 床

Asher 的双层床属于休息区。

由于床的收纳空间很多——床下有 2 个大抽屉，台阶由 4 个抽屉组成——可以放下 Asher 的大部分玩具，这里也成了他的玩具收纳区。

△Asher 的衣柜只收纳了几件当季衣裤，看上去比较清爽

△Asher 的双层床既是休息区，又是玩具收纳区

4. 书架

Asher 的书架由下往上依次摆放着科学类、漫画类、故事类书籍，最上层摆有一些我们大人的书。

书架并没有与阅读区直接相连。起初，我把懒人沙发放在书架与写字台的夹缝处作为阅读区，但是 Asher 更愿意在飘窗上看书，甚至自己把懒人沙发搬到了飘窗上，于是我们默认飘窗是他的阅读区。

5. 飘窗

飘窗是 Asher 的阅读区和游戏区。

飘窗上放了一个懒人沙发，方便 Asher 常在这里晒着太阳看看书。

1
2

1　Asher 的书架从下往上摆放着他的不同类别的书籍，不方便取放的最上层则放着大人的书

2　飘窗上的懒人沙发是 Asher 的阅读区，飘窗前的地垫则是他的游戏区

飘窗前放了一个游戏垫，Asher 可以坐在这里下棋、玩三国杀、拼乐高。

6. 游戏区

Asher 通过整理腾出一个柜子作为 NurfGun 装备区，邀请朋友来家里玩枪战游戏时，把柜门一打开，就可以作为防御领地。

在平面空间不够用时，将双层床及其台阶收拾一下，就可以当作游戏空间来使用。

身为规划整理师的我学习过很多种整理方法和收纳技巧。在外人眼中，我的家一直保持着整洁有序的样子。其实，这种井然有序是我帮 Asher 整理完房间后的状态。我经常后悔自己学习规划整理有些晚，错过了培养 Asher

△双层床的台阶及其旁边的柜子是 Asher 的游戏区

整理习惯的最佳时期。

要想孩子自己动手整理，前提是其本人有内在需求，这样才会产生做的动力，而且这个需求要足够强烈才能让孩子坚持做下去。

如何打开孩子整理的动力开关呢？我曾尝试了一些做法。

Asher 非常喜欢热闹，经常和同学相约到家里玩。有时，他说某同学的房间太乱了，我便抓住机会，启发性地询问他：“如果你同学的家又脏又乱，你愿意去他家做客吗？”他回答：“不愿意！不过也还好啦，当然，如果干净些，我会更愿意去！”同时，他表示对自己房间的整洁度还是很满意的。

以前，只要 Asher 说同学要来家里做客，我就会提前帮他整理房间，结果反倒让他误认为自己的房间很整洁，不需要整理。后来，我知道他的同学要来家里做客，便不再做任何准备，故意让他房间的原始状态“完美”呈现在他的同学面前。

那天，家里来了 5 个同学，他们在客厅玩了一会儿，便去了 Asher 的房间。我在门外听到里面的欢声笑语，不由得感慨竟然没有人觉得他的房间乱！当同学们要回家的时候，我心想：“乱成这样看你要怎么收拾！”不料，我听到 Asher 请他的同学们帮忙一起收拾玩具，还把看过的漫画书都放回了书架。同学们离开后，我进他的房间一看，居然比之前还要整洁！Asher 很开心地告诉我，他和同学们不仅一起把房间收拾干净了，而且约好了下次还来家里玩。

通过这件事，我发现其实我对 Asher 说的那些需要整理的理由并非他的需求，在他看来，即使自己不擅长整理，也完全不影响对他来说很重要的人际交往。只有当他自己想整理的时候，才会好好动手整理。我只能等待时机，继续寻找让他学习整理的内在需求。

有一天，Asher 说他收拾房间时对物品进行了分类，请我帮他看看效果。这让身为规划整理师的我终于有了用武之地！

为什么 Asher 突然想要整理呢？原来，有几次他写完了作业却忘记带到学校，甚至还有把作业带到了学校却因乱放而没能找到的情况。老师虽然相信他的解释，但仍按没有完成作业的情况进行处理。由于另花时间找资料、补作业，他耽误了自己热爱的网球训练，想到这会影响未来的网球职业生涯，他才下决心要管理好自己的物品。

此外，学校老师每逢周五都会让同学们收拾自己的柜子。老师跟我说，Asher 每次收拾自己的柜子时，都是把所有资料拿出来摊在地上，然后花很长的时间进行俯瞰，仿佛在用意念进行整理。我听了之后差点儿笑出声。此后，他意识到自己对整理“有想法却没方法”，于是主动向我求助。

当 Asher 有足够的动力和决心去做整理时，我想这就是让他找到整理内在需求的最好时机。我陪着他先从写字台开始整理，把抽屉里及桌面上的所有物品都集中到一起进行分类。

成人最常使用的分类方法有二分法（要和不要）和四分法（按使用频率和喜好进行四象限分类）。然而，对于右右脑型的 Asher 来说，要、不要，常用、不常用的物品会随着心情而发生变化。我选择尊重他的想法，让他先给出自己的方案。

Asher 把写字台物品分为文具类、书籍类和资料类。首先，他把文具分成铅笔、可擦笔、彩笔、橡皮等，把铅笔、可擦笔都放在桌上的笔筒里，把橡皮放入一个纸盒里摆在写字台的左上角，彩笔则放进了抽屉里；其次，把资料放进写字台旁边的抽屉柜里；最后，把书放在写字台边而不是书架上。

Asher 向我解释说，如果把常看的书和常用的字典放进书架，他就会找不到。虽然我不太理解他的想法和方法，但是我选择了尊重，而且我认为最有效的验证方法就是看他的整理效果能维持多久。

实际上，Asher 的整理效果维持得还不错。由于他的分类方法是按照自己的逻辑来设定的，制定者和使用者都是他本人，维持整理效果对他来说就是轻而易举的。而我只要降低对 Asher 房间整洁度的要求，着眼于对他来说方便归位、轻松维持的整理效果即可。

亲子整理的具体步骤：

（1）取出物品：把需要整理的空间内的物品全部拿出来，集中放在一个地方。

（2）分类：让孩子经过思考后进行分类。比如，我会引导 Asher 在 5 秒钟内用想到的词语将物品分成几类，先将自己房间的物品分为书籍、文具、玩具等类别，然后将每个类别中的物品分为喜欢或不喜欢、常用或不常用等层级。

（3）收纳：和孩子一起商定物品的固定位置，但具体怎么收纳应由孩子决定。

（4）维持：验证整理的效果不以完美、整洁为标准，而是以长期保持、方便取用为依据，并在实践中不断进行调整。

注意要点：

（1）在实际整理时，一定要先设定可以达成的目标。这个目标要根据孩子的时间、精力来设定，以增加孩子对其他空间进行整理的信心。比如，可以先从整理写字台开始。

（2）当你认为孩子的方法不好时，应该先保留自己的意见，观望后期效果后再做评判。

（3）选择的收纳方法越简单越好，最好只用一个动作就能完成。

通过与孩子一起进行亲子规划整理，把彼此对抗的权威战争式整理转变为彼此理解的新颖互动式整理，最终得到的效果不仅是空间上的清爽，而且是更加紧密、和谐的亲子关系。

看着孩子的点滴成长，听着孩子的突发奇想，我不再纠结空间是否清爽，不再烦恼如何才能提高效率，而是在大家都有时间和精力的时候一起整理，边收拾、边沟通，在不经意间走进孩子的内心，拉近彼此的距离，看到一个更真实的孩子，也让孩子感受到父母更真实的爱。

12 播下一颗整理小种子，就能长出好习惯大树

我特别赞同一句话："为人父母，是一次重生的过程。"在这个过程中，父母需要和孩子一起学习、成长。父母要求孩子做到的事情，最好自己先做到，亲子规划整理也是一样。

有娃之后，我的家从极简主义典范变成了无处下脚。为了给团子一个良好的生活环境，我开始学习整理收纳，最后遇到了规划整理。

在团子从连玩具包装盒都纠结要不要扔到现在事事自己独立管理、果断决定的成长过程中，我做得最多的除了整理好家里的环境为他创造条件之外，就是耐心地等待。

我经常说的一句话就是：给孩子播下一颗整理小种子，不时地施点肥、浇

达人：Coco

规划整理师（Life Organizer®），获得日本生活规划整理师协会（JALO）和规划整理塾一级认证

规划整理塾三级认证课金牌讲师

规划整理塾上门导师

日本生活规划整理师协会（JALO）和规划整理塾认证亲子规划整理师

相信养育孩子的过程是和Ta一起成为更好的自己

居住城市：北京

居住面积：365平方米

房屋户型：五室两厅

家庭成员：爸爸　妈妈　姥姥　儿子团子

我的脑型：左右脑

孩子基本情况：9岁　小学三年级　右左脑

点水，有一天就能长出一棵好习惯大树。

在我家，和团子相关的空间有4个：游戏区、阅读区、学习区和儿童房。

我选择将客厅的窗前空地作为团子的游戏区，主要是考虑以下3点：

（1）光线明亮：南向窗户的日照最好，可以让团子在玩游戏时多晒太阳。

（2）便于分隔：有沙发作为隔断，团子可以在独立的空间里随意玩耍。团子小时候最喜欢玩“规划一个城市”或者“建造一条高速公路”的游戏，这就需要把所有的小汽车摆放出来。我发现他每天都会玩这个游戏后，特意规划出这个游戏区，让他只在这个区域内“随心所欲”，而我也能对摆了一地的小汽车“眼不见为净”。

（3）便于收纳：窗前空地的两侧墙面都有较大的空间可以收纳团子的玩具。

1 团子主要活动区域的空间规划图

2 游戏区 + 阅读区留有很多空间，方便团子和小伙伴们玩耍

游戏区内部又细分为收纳区、展示区和使用区 3 个区域。

收纳区“藏”在游戏区的右侧，用 4 个黑色收纳盒装了很多玩具。

展示区在游戏区的左侧，用 2 个架子展示各种玩具车。团子是一个十足的车迷，连职业规划都是设计汽车，这些“心头好”必须展示出来。

使用区是蓝色小桌椅和整个游戏区空地。小桌椅是团子拆装玩具车的“工作台”，兴致来时，他还会把空地摆成满是车辆的公路。

阅读区的选址几经变化。最开始在阳台上，后来调整到窗边，最后确定为紧邻游戏区，这样一来，团子玩累了就可以随手拿起一本书坐在沙发上

△游戏区左侧的玩具车展示架和拆装车“工作台”分别是展示区和使用区

△为了让团子多看书，阅读区紧挨着游戏区

看。每到这个时候，我都会特别高兴，因为他找到了能陪伴他一辈子的好朋友啦！

其实，阅读区之前是电视区，虽然只在团子看动画片时才打开电视。重新规划后，我把电视移到姥姥的卧室里，把电视柜换成了 2 个便于团子取放书籍的低矮书架，一个舒适的阅读区就打造出来了。

团子上小学后，为了避免像监考老师一样坐在旁边盯着他学习，我选择了书柜 + 大书桌的形式来布置学习区，采用对坐式陪伴他学习的同时，我自己也能工作。我一直告诉他：“学习是你自己的事情，但我就在你对面，有任何问题你都可以找我，我会支持你。”

△大书桌是我家的活动中心，学习、工作、玩桌游、大小朋友聚会都在这里

为了激发、保持团子的学习兴趣，我让他自己挑选了专用椅子，虽然这把椅子的颜色、造型和其他家具都不搭，但我也尊重他的决定。

大书桌右侧是占了一整面墙的 3 个书柜，收纳了团子大部分的学习书籍和文具；左侧是一整面白板墙，团子经常在这里解题、写单词，有时我还会贴上他最爱看的大地图，使用起来很方便。

我家比较有特色的是使用方便、换季收纳只需 5 分钟的儿童衣柜。

在亲子规划整理中，很重要的一点就是“变化”。因为随着时间的变化，

△团子衣柜的 3 个版本，适应不同年龄阶段的收纳需求

孩子的身高、技能、兴趣都会发生变化，家长一定要随娃应变。

团子的衣柜经历了各种变化，来看一下团子衣柜的 3 个版本。

4 岁版：衣物区由儿童衣柜和抽屉柜构成，外套挂在衣柜里，上衣、裤子和内衣、袜子等小件衣物竖直折叠后放在抽屉柜的最下面三层，方便当时个子矮的团子取放衣物。靠着这个规划，他从 4 岁多开始就自己找衣服、穿衣服。

7 岁版：在团子上学之前，为了节约早上的时间，我重新设计了一个新的衣柜，按身高分区管理使用。衣柜的上层收纳冬季外套及备用衣物；中间区域收纳非当季衣物，由我来管理；下层是团子的使用区域，收纳当季衣物，上衣、裤子挂在挂衣杆上，睡衣、袜子、内衣、家居服从上至下放在衣柜右下方的收纳盒里。

9 岁版：这是团子现在使用的衣柜，由他和我一起整理出来的。相比 7 岁版衣柜，9 岁版衣柜的左下方空间被利用起来，放置他的玩具熊猫。

其实，孩子的衣柜规划整理流程特别简单，就是 6 个步骤：规划、俯瞰、分类、筛选、收纳、维持。

Step1：规划

一般来说，大部分人都是去店里挑一个现成的衣柜，然后往里面放衣物。但作为一个规划整理师，我买衣柜是经过规划设计的。

第一，我计算了团子的衣服数量，由于不算太多，我决定入手标准的 1 米衣柜；第二，虽然我是一个教别人叠衣服的整理师，但叠衣服很费时间，从我自己的使用经验来说，衣服还是挂着最实用，不仅方便挑选和取放，而且不容易复乱，所以我决定入手上下两层都可以悬挂衣服的衣柜。

遗憾的是，市面上虽然有很多衣柜款式可供选择，但看来看去都没有符合我的要求的，于是我自己设计了一个衣柜，目前已经用了两年，感觉还不错。

随着团子逐渐长大，我观察到有些衣服他从来都不穿。于是，趁着周末有空，我们一起进行了一场衣服整理。

Step 2：俯瞰

我和团子一起动手，把他所有的衣服拿出来，集中放在双人床上。团子吓了一大跳："天啊！我居然有这么多衣服！"

Step 3：分类

在拿出衣服的时候，我们就已经按照上衣、裤子、外套做了简单的分类。

Step 4：筛选

在整理前，我征求了团子的意见，问他是想像大人一样按"喜欢""不喜欢""常穿""不常穿"做四分法，还是就简单地看喜不喜欢。团子选择了后者。于是，我们按照这个原则对衣服进行筛选。

不得不说，小朋友做决定真的太果断了！这么多衣服，他只用了15分钟就筛选完了。因为他真的就是单纯看自己喜不喜欢，完全不考虑谁送的、什么牌子、多少钱这些因素。

最终，团子计划流通20件衣服，有几件是小了不能穿的，有几件是穿了不舒服的，还有几件是款式不喜欢的。

对于流通的衣服，我一般会先让朋友挑一下，朋友家的宝宝比团子小2

岁，能穿的朋友拿走，剩下的就装入一个袋子放到公共垃圾桶旁边，让有需要的人拿走。

Step 5：收纳

根据团子的身高，我们把衣柜纵向分成 3 层：

第一层是储存区，用收纳盒放置冬季的羽绒服、棉服，4 件尺码偏大现在穿不了的衣服和床品。经过整理，3 个盒子空了 2 个，留出不少空间。

第二层是非当季区域，由我来管理。团子在特殊场合穿的西服、衬衫也挂在这里。

第三层是当季区域，由团子来管理。现在是夏季，除了短袖 T 恤和短裤之外，薄款裤子、外套和长袖 T 恤也都挂在这里。

衣柜右下方放置了 3 层抽屉收纳盒，团子的袜子、内衣、家居服等可以折叠的衣物都放在这里。

△团子的所有衣服都被拿出来进行集中分类

△团子筛选出准备流通的衣服，要么小了，要么穿着不舒服，要么款式不喜欢

第一层放袜子。因为小孩子很容易把物品弄乱，所以我特意给团子找了分格收纳盒，一格放一双袜子即可。作为轻度强迫症患者，我觉得收纳效果还不错。不过目前袜子数量有点多，就等待自然淘汰吧！

第二层原本计划放内衣，但团子没有那么多内衣，所以我们把当季（夏季）家居服也放在了这一层，省得他每次都弯腰去第三层拿。

第三层放非当季（春季、秋季、冬季）家居服和打底裤。

换季整理也特别简单，把上下两层挂杆上的衣服对调一下就可以了——把下层的过季衣裤挂到上层，把上层的当季衣物挂下来。整个过程只需花费 5 分钟，再也不用费劲地一件件倒腾了。

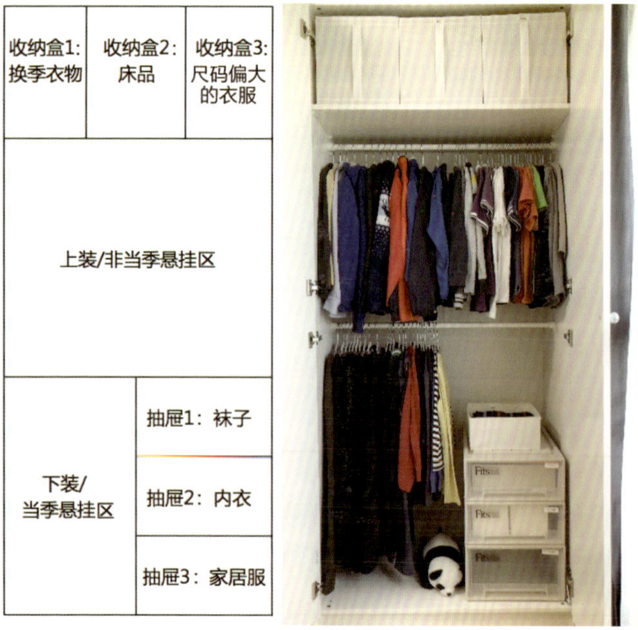

△团子衣柜的规划图和实际完成图

Step 6：维持

如此规划、整理衣柜之后，一个亮点就是团子使用起来非常方便。现在，他起床之后就会自己找衣服、穿衣服。早上的时间特别宝贵，团子的自我管理可以帮我节约 5 分钟的时间。

此外，还有一个亮点就是易于维持整理效果。我机智地把团子的所有衣架都换成统一样式，衣服洗完晾干之后，直接连衣架一起取下挂进衣柜就可以了。当然，袜子、内衣和家居服是需要叠起来的。我只教了一次折叠方法，团子就掌握了要领，但叠不叠起来，还要看他心情。

△3 层抽屉收纳盒依次直立放置着袜子、内衣和当季家居服、非当季家居服和打底裤

作为一名专业整理师，我是非常清楚边界的。因此，虽然我把整个家的大部分区域都整理得不错，但家里有一个地方我是无法整理的，那就是团子的房间。

自从 5 岁开始迷上乐高，团子就坚持在自己的房间里规划、建设乐高城市：消防局、博物馆、公路、铁路……而且不断扩建。有很长一段时间，他的房间是非常乱的。关键是每个物品、每个公仔他都记得一清二楚，如果你动了某一个位置，他就会马上发现。

作为一个有着轻度强迫症的职业整理师，看着这么乱的房间，我是非常闹心的。不过，学过以人为本的规划整理和相信孩子能自我管理的 P.E.T. 父母效能训练课程的我深深地知道，觉得房间乱而无法忍受的人只是我！房间的主人可是乐在其中的，你看照片里的团子笑得多开心！每天一有空，他就在那儿玩得不亦乐乎，周末还会和小朋友们上演一整季乐高主题剧。按照“谁的地盘谁做主”的原则，我只能拿胶带把自己的嘴封上，躲到自己的房间整理去了。

在“一个好整理师应该整理好自己的家”和“一个好妈妈要尊重自己的孩子”定位中，我选择了后者。这也是我以前从来不发儿童房照片的原因。

不过，难道我就这么放弃了吗？当然不是！我会隔三岔五地建议团子：“房间是不是有点乱？我们一起整理一下好吗？”团子也很厉害，直接拒绝：“妈妈，一点都不乱呀！你看，我还新规划了一个机场呢！”好吧，老母亲灰

△团子开心地“建造”自己的乐高城市

溜溜地败下阵来。

自从上了小学二年级，团子的作业量就明显增加了。我观察到他没有那么多时间玩了，甚至也有一阵子不碰乐高了。他的房间因为经常被我们踩到乐高而显得更乱，而且没有办法好好打扫。乐高城市已经混乱不堪，“恐怖”的现场让我每次看了都头疼。

2018 年冬天，我和团子终于有时间一起把《梦想改造家》第五季看完了。团子显然对改造产生了浓厚的兴趣，还建议我去报名参加节目。突然间，我灵机一动，问道：“团子，你要不要自己改造一下现在的房间？”“好啊好啊！”他兴奋地跳了起来。

△团子用水牙线清洗乐高，冲出不少灰尘

团子的第一个方案是把儿童房和相邻的阳台打通。说实话，这个方案挺赞的，但时间长、成本高、施工难度较大，在短期内无法实施。于是，他又提出第二个方案，把地上的乐高转移到架子上（我承认，这有我诱导的成分）。

作为一名有着 8 年“与娃斗争”经验的资深妈妈，我深知小孩子的主意是分分钟就会改变的。于是，在他说完后的 1 秒钟内，我们就开始行动了——把地上所有的乐高整理上架。原有的一个架子很快就被摆满了，我又从隔壁阳台搬来一个架子……

仅整理乐高这一个环节，当天就花费了 1.5 个小时，到晚上 10 点不得不暂停，第二天上午又接着整理。其间，团子还用水牙线给乐高洗澡。看到水池里的黑点了吗？那就是冲下来的灰尘。

整个改造过程（包括清洁在内）总计用了 4 个小时。最终，儿童房变成了一个干净、明亮、宽敞的新空间。团子看到整理效果之后，连连惊叹“太棒了”，同时也坚定地表示自己再也不想要以前那样乱糟糟的房间了。

儿童房从最开始的满地乐高到现在的整齐清爽，这个结果我耐心等了 3 年，我容易吗！

之所以能够维持儿童房的整理效果，是因为团子体会到整理前后的巨

△儿童房的乐高展示架终结了满地是乐高的“混乱时代”

△改造后的儿童房既干净又宽敞

大反差，决定“再也不要像以前那样乱”，每次玩完以后都能立刻做到物归原位。

这次改造是在 2018 年 12 月 22 日进行的。后来，儿童房添置了衣柜，调整了床的位置，还换上了团子喜欢的太空主题窗帘，但整个房间一直没有复乱，我非常有信心今后会一直保持下去。

我相信：

只要你有足够的耐心，播下种子后，适当地施肥、浇水，就会等到发芽、开花的那天。

任何人都不愿意生活在混乱的空间里，只是可能之前没有意识到。

经过规划和整理，只需要忙活几个小时，生活空间就可以发生巨大的变化。

13 孩子的世界，Ta说了算

我看过不少亲子整理的相关书籍，大多数作者会提到两个方面：一是行为方面，做好整理能给孩子带来怎样的影响；二是情感方面，整理能为亲子关系带来怎样的改变。

的确，做好亲子规划整理，不仅能给一个家庭带来整洁舒适、有益身心健康的环境，还能锻炼孩子的自理能力、决策能力、学习能力、空间感知能力等，更能通过全面的整理改变家人心境、改善亲子关系、提升家庭凝聚力。

亲子规划整理给我最深刻的印象是“尊重”与“成长”。无论是对孩子还是对成人而言，这两点都有着极为重要的意义。

在我陪同小仙女一次次进行规划整理的过程中，她明白了人和人之间需要有边界感，需要相互尊重，而且这些与年龄无关；我也学会了尊重她的价值观和审美观，接受她所喜欢的，认同她所重视的。

达人：汤霖

规划整理师（Life Organizer®），获得日本生活规划整理师协会（JALO）和规划整理塾一级认证

规划整理塾三级认证课讲师

居住城市：厦门

居住面积：180 平方米

房屋户型：三室两厅

思想自由不羁，行事踏实靠谱，是个既能陪孩子疯玩也能耐心教导孩子的"大朋友"

家庭成员：爸爸　妈妈　女儿小仙女

我的脑型：右左脑

孩子基本情况：9 岁　小学三年级　右左脑

每一次规划整理都让小仙女的成长步履更加坚实，也让我在彼此接受和理解的过程中再一次经历成长，逐渐弥补了孩童时期的我在传统教育理念下没有被长辈充分重视个人感受的那份缺失。有了这样的联结和互动，我和小仙女之间的亲子关系变得愈加稳定。

4 年前，小仙女刚上幼儿园大班，处于"幼升小"的过渡时期。彼时的我和先生商议逐步完成和小仙女的睡眠分离，并为她设置一个专属儿童房。

分房前，必须采取恰当的方法来避免小仙女产生分离焦虑。在这期间，除了逐渐减少陪同入睡的次数之外，我也借着新房装修的契机，邀请小仙女参与到儿童房的设计中来。

尽管那时的小仙女才 5 岁，但是已经初步形成了属于她那个年龄段的价值观和审美观：喜欢粉色的墙上画有小仙女和城堡，喜欢气球一样的卧室灯，喜欢占据一整面墙的衣帽柜，想要一个可以安静阅读的角落……能够满足的，我尽量配合，按照她的喜好去规划布置儿童房，并且时常带她到现场"验收"

△按照小仙女的喜好布置的儿童房充满了“小公主”气息

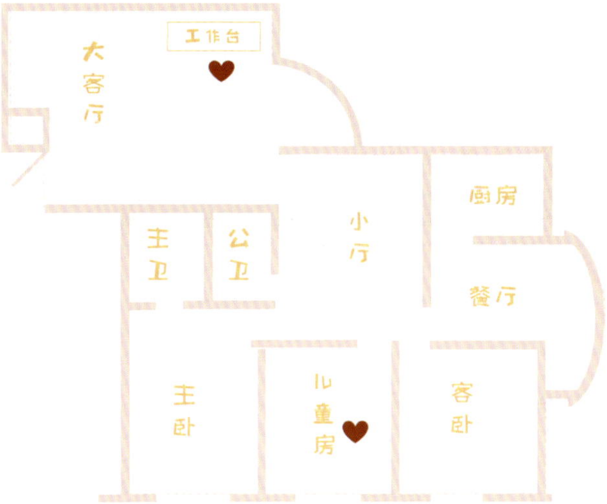

△经过重新规划的空间布局图

自己参与设计的成果。

在慢慢养成独自入睡习惯的过程中，儿童房这一理想中的小小新世界也在小仙女的见证下初见轮廓。虽然以成年人的眼光来看，这个房间并不特别美观，也不具有设计感，但这个“作品”的诞生有小仙女的付出，这样的成就感让她更愿意在今后的生活中去珍惜、保护这个“作品”，尽己所能地让它保持整洁、美好的模样。

当我们住进现在的居所时，小仙女开始上小学了，我们一家人的侧重点便逐渐转移到她的学业上。

要让孩子在入学初期养成良好的学习习惯，父母必须在身旁陪伴和引导。于是，原本在屋内自由玩耍的小仙女越来越多地在儿童房里安静地学习，儿童房的性质开始发生变化；而我和先生白天工作、夜晚陪读，等小仙女睡下后也都筋疲力尽，以往热闹的客厅逐渐变得冷清。

这样的状态持续了大半年后，家中两个空间——儿童房、客厅便初步出现了部分功能失效的情况。

要让这样的状态持续下去吗？答案当然是“不”。

当时已经学完规划整理一级课程的我，深切地知道如何才能从根本上解决这些问题。我和先生、小仙女商议，重新规划各自使用的空间：暂停使用儿童房里的学习桌，将小仙女的学习区调整到客厅角落里的工作台，和我们一起共同学习。

重新规划后的空间一直使用到现在，这样的安排让我们一家三口都身心愉悦。

对小仙女而言，爸爸妈妈能陪伴在身边一起学习，自己不会孤单，有任何要求都可以马上得到回应，遇到不会的问题还可以一起探讨，能够得到及时、有效的引导和帮助。

对我和先生而言，既可以利用碎片化时间完成自己想做的事情，也可以给小仙女树立学习榜样——你看，爸爸妈妈也和你一样很努力呢！我们还可以和她一起阅读、做手工……共享亲子时光，绝对是一举多得。

在我看来，工作台不只是工作和学习的地方，更是承载专属于我们共同美好记忆的居心地。

既然将学习区搬出儿童房，那么小仙女的一系列学习用品就得从儿童房移至工作台附近，如此才能缩短她取放学习用品的动线，提高学习效率。因此，我们得帮这些被移出来的学习用品找到“容身之所”。

1
2 | 3

1　处于客厅一隅的工作台是我们的共处空间

2　用装修余料制作的格子置物架是小仙女学习用品的最佳去处

3　闲置的杂志柜用来收纳我的工作物品

用装修余料做成的格子置物架是我在装修房子时让师傅额外制作的，不曾想居然非常适合贴墙摆在工作台书桌边上。这样一来，小仙女的学习用品就有了最佳去处。

格子置物架原本是“田”字格，我拆掉了左侧柜子的活动层板，空出了一个书包位，小仙女做作业时伸手就能从书包里拿出要用的东西。格子置物架右侧柜子的上层放置了粉色收纳盒，收纳了体育课跳绳、美术课彩笔等需要每周使用但不需要每天携带的学具；下层则暂时空置，以后有需求再往里添置物品。格子置物架的台面则放置了各学科相关书籍、试卷和文具，小仙女不用弯腰就能轻松取放。

由于使用效率不太高，原本置于沙发边上的杂志柜被我移至工作台边，搁置我近期使用的学习资料、书籍、笔记本、标签机、计算器等物件。每次工作或学习完毕，我连转身都不需要，就可以将桌面上的资料和笔记本电脑等一干物品放进身侧的杂志柜里。

格子置物架和杂志柜打造出两个动线超短的收纳空间，在保证了工作台桌面时刻整洁清爽的同时，更保障了我和小仙女的高效工作和学习。

美丽的衣帽间一向是女孩的心头好。尽管小仙女才 9 岁，但衣物并不少。给不了衣帽间，但打造占据一面墙的衣柜还是可以的。由于空间足够，我选用了对开柜门，事实证明这是一个极其明智的决定——

我在衣柜门内侧用几个挂钩收纳了小仙女的小包、帽子，“两点一线”的数学定理运用在这里竟也轻松完成了小墨镜的收纳，不仅完美解决了女孩子的配饰不易收纳的问题，还节省了平铺收纳将占用的空间，更重要的是，小仙女可以在这里独立完成出门前的拾掇打扮，而我自然轻松不少。

1/2

1 小仙女的衣柜选用了对开门，几个挂钩就能将柜门内侧空间充分利用起来

2 一根绳子就能轻松收纳容易“到处躲藏”的小墨镜

△将小仙女的其中一个衣柜打造成玩具收纳柜，营造出橱窗展示的氛围

玩具对孩子来说很重要，小仙女也有不少公仔布偶。不过，除了周末和朋友来家里之外，她很少玩玩具。我将其中一个衣柜设计为玩具收纳柜，用隔板分层收纳公仔布偶中的“大个子”们，让它们可以相互倚靠着等待小主人“翻牌”；用 S 挂钩将“小不点”们挂在隔板的挂杆上，避免被小主人遗忘在角落。小仙女说，一打开柜门，所有玩具就都呈现在眼前，有一种橱窗里的商品任自己挑选的感觉，她很喜欢这样的设计。

平时，我会和小仙女一起制订各种好习惯养成计划，并且约定达成每个阶段目标后都有小奖励——盲盒手办，迷你乐高模型等。我主动让出家中大书橱的一格，告诉她这些“战利品”可以在这里进行集中展示。对她来说，这就是一扇荣誉之窗，既是爸爸妈妈对她的肯定，也是她对自己的小小鼓励，相信自己可以做得越来越好。

其实，刚开始引导孩子学习规划整理并不容易，让孩子明白为什么要做整理就是第一件麻烦事。

曾经我也试过给小仙女讲道理，但总是收效甚微。真的不是我不会说，而是在成人看来简单易懂的道理，孩子却理解得十分有限，于是我尝试在与她的互动中抓住各种时机进行引导。

例如，在和小仙女一起拼装乐高时，我告诉她先按照颜色或者形状对拼件进行分类，会让拼装事半功倍。有时候，我刻意增加一些与乐高拼件形状类似的杂物来混淆她的判断，让她从中筛选和舍弃这些不必要或不应该出现的物件。

毫无疑问，从一堆杂物中选出所需拼件最为耗时费劲，而按颜色或形状分类后，从“芸芸众生”中取出所需拼件的速度必然是很快的。这时候，我

△“荣誉之窗”用来展示小仙女完成各种好习惯养成计划的“战利品”

就会问她：“你知道这是为什么吗？”小仙女思考片刻后告诉我：“因为都分好类了呀！”

我趁机向小仙女传达规划整理的理念：“如果我们的物品都像这一堆杂物一样随意乱放，想要迅速找出自己需要的物品就非常难，但当它们呈现出有序状态时，我们就可以大大减少寻找它们所需要花费的时间。”

小仙女问：“所以整理就是为了更好地找到物品？”

我答：“你可以这么理解——做好整理可以让我们生活得更加轻松！”

有效的沟通和引导强过灌输大道理，简单的游戏就能让孩子轻松理解整理的意义，更容易进入后续的整理流程。

亲子规划整理中的“取舍”，能让孩子学会接受改变和告别。可以说，整理是孩子成长路上的十字路口，在恰当的时间与不适合自己年龄的物品说再见，就是让孩子和过去的自己做告别，准备迎接全新的、更好的自己。

在对物品进行取舍的时候，我和小仙女使用较多的是四分法，即用 4 块不同颜色的布表示不同的物品类别，并给各个类别起有趣的名字。相比单纯的文字信息，色彩信息更容易让孩子掌握分类方法，不仅简单易操作，还给烦琐的整理过程增加了趣味性。

整理不仅可以用在物品上，还可以用在学习上。

刚拼完乐高的小仙女细心地把剩下部件按照颜色进行分类收纳

△小仙女用四分法对书籍进行取舍

在陪小仙女做数学应用题的时候，我曾用规划整理思维帮助她分析和解答问题：“首先要俯瞰这道题，完整地阅读题目，明白题目要求是什么，然后找出所有相关数据和关键词，就像根据整理目标从柜子里拿出相关物品，挨个进行筛查、判断、归类，剔除无用信息，留下有效信息，再寻找合适的公式，将需要的数据归位，剩下的就是计算了。”

可见，规划整理思维能够帮助孩子建立清晰的逻辑，提升解决问题的能力。运用规划整理思维对现有信息进行梳理，迅速提取关键信息，有条理地发现、分析和解决面对的问题，对小仙女的学习和生活产生了很大的帮助。

在规划整理理念的陪伴下，孩子能在一次次变化中积累丰富的生活体验，逐步建构自己内心的秩序，获得更好的成长。

我知道，小仙女的未来我无须担心，她一定能自己做主，去创造、管理她想要认真过好的人生。

14 我和儿子一起成长

“妈妈，我的衣服在哪儿？”“老婆，我的那件 T 恤呢？”“另一只袜子不见了！我要迟到了！”每天早上，我就像消防员一样到处灭火！生活每天都是战斗状态。

我是一名职场女性，儿子天一上小学四年级。除了忙工作之外，我还要承担很多家里的事情。工作、家务、孩子的生活照料和学习辅导……让我像陀螺一样旋转。忙碌让我焦虑，对孩子和先生逐渐没有耐心：夫妻关系紧张！亲子关系告急！我做错了什么？我必须找到解决方法！

2018 年，因为一个偶然的机会，我学习了规划整理课程，得以重新审视自己对生活的安排以及对亲子关系的处理：天一是个内向的男孩，在生活上很依赖我，我也习惯了什么都给他包办，剥夺了他在成长中需要经历和学习的很多知识。

达人：海岩

规划整理师（Life Organizer®），获得日本生活规划整理师协会（JALO）和规划整理塾一级认证

规划整理塾三级认证课讲师

“整理汇”工作室核心成员，希望将规划整理广泛应用于家庭、学校和公司

居住城市：石家庄

居住面积：110 平方米

房屋户型：两室两厅

家庭成员：爸爸　妈妈　儿子天一

我的脑型：左左脑

孩子基本情况：10 岁　小学四年级　右右脑

随着对规划整理的深入学习和实践，我越来越清楚自己要什么、应该怎么找到生活主线、如何合理分配时间和精力。我终于不再是喜欢抱怨的绝望主妇，我的改变也慢慢地影响了家人，天一随着我的放手学会了自己拿主意，变得更加自信，敢于表达自我，家庭关系变得融洽和温暖。感谢与规划整理课程相遇，治愈了我的生活。

我们现在租住在一个离天一学校比较近的 110 平方米的两室两厅房子里。在没有学习规划整理之前，天一的房间是由我们按照固定思维来布置的，贴着墙依次摆放床、衣柜、书桌、书柜等家具，从来没有考虑过使用是否便利和他的内在整理需求。

在学习了规划整理之后，我学会了多思考：天一喜欢什么样的房间？想在自己的房间做什么？对现在的家具摆放有什么意见？……我把想到的问题在纸上一一列举出来。

在一个周六的上午，我和天一就儿童房如何整理做了一个多小时的沟通，

△之前的儿童房是按照固定思维来布置的，没有考虑天一的需求和使用便利性

最终达成了一个我们都满意的整改方案。执行力超强的左左脑型的我马上和天一一起行动起来，下面来看看我们的最终成果吧！

如今，天一的房间是这样的：

一进门的右边墙上放有一块小毛毡，用钉子把每周、每月的计划安排表钉在上面，方便随时查看什么时间应该做什么事情。

紧挨着的是衣柜，方便一进门就把晾晒好的衣服放进去，出门前也能轻松找出要穿的衣物。

衣柜旁边放置了书桌。书桌在儿童房的中心线上，一进门，视线首先就

△现在的儿童房是天一和我共同规划的，符合天一的动线需求和习惯

1/2

1　书桌在儿童房的中心线上，非常醒目

2　书桌上的收纳工具是小白盒和小抽屉组合，分别用来收纳常用的字典、笔筒和各类纸张

会落到书桌上。书桌上放着一个小白盒，里面是 3 本字典和笔筒。小白盒的右侧是一个小的抽屉组合，里面放着经常会用到的复印纸、草稿纸、日记本、便笺纸、胶带、点读笔、眼镜盒等。小白盒的左侧是天一晚上睡觉前一定要听的小雅音响和经常用的香薰机。

△4 层置物架成为书桌的有效补充和延展，非常实用

我们在书桌旁边添置了一个 4 层置物架。

置物架的最上层放着白色资料盒，里面放着不同颜色的装有各科资料的文件袋，既满足了左左脑型的我看着清爽、整齐的要求，又方便右右脑型的天一通过颜色就能快速拿出自己想找的资料。

置物架的第二层是天一近期要看的课外读物，既方便在书桌前随手拿来看，也方便睡前躺床上阅读。看完的书会被放进书柜，再从书柜换出要看的书放到这里。

置物架的第三层放书包，第四层放打印机。

如此一来，放在书桌与床之间的置物架就成为书桌的有效补充和延展。

床和书桌的对面是占据一整面墙的书柜，虽然书柜的位置没有变动，但里面的书发生了翻天覆地的变化。

我们在书柜旁边添置了一个脏衣篓，位置正好是衣柜的对面，方便天一进门时把要洗的衣服放进去，出门时再从衣柜里拿出新的衣服穿。

考虑到天一的房间主要用来学习和睡觉，他的玩具并没有放在房间里，而且他在玩的时候希望有我和爸爸陪伴，于是我们一起把玩具放在了客厅。

调整房间布局后，天一清楚地知道要用的物品该到哪里去找、用完该放到哪里。物品各安其位，整理起来就更容易；房间不乱不脏，学习起来就更

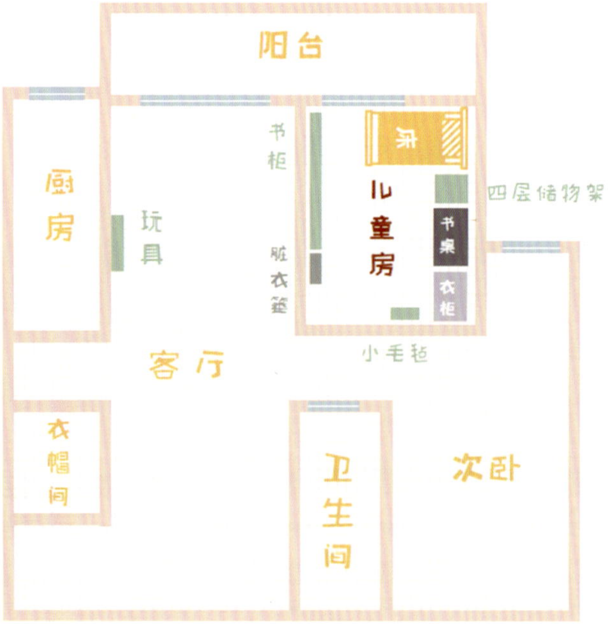

△整个房子的空间规划图

△经过规划整理，房间不脏不乱，学习更专注

专注。

调整房间布局带来的更大收获是我和天一都很有成就感，我对学习规划整理的信心更大了，天一也特别支持我，我们的家呈现出了该有的状态——舒畅、温暖，这才是我们想要的家。

之前，我认为自己是一个擅长“收拾”的人，可以在很短的时间内把混乱不堪的桌面收拾干净。我曾经很得意地跟身边人介绍“收拾”的经验，那就是把所有东西都“藏”起来，或是放在柜子里，或是收进箱子里。然而，虽然肉眼所及的范围都特别整洁，但背后的逻辑其实很乱。很多时候，我自己也找不到要用的物品。

记得某天晚上，我把家里翻了个底朝天，也找不到天一第二天上学要用

△ 如今的天一是收纳小达人，会用直立收纳法整理自己的衣物

的物品，最后急得放声大哭。直到今天，那种找不到物品的焦虑和抓狂仍刻骨铭心。

在我学习规划整理的带动下，天一也成了收纳小达人。他非常喜欢整理自己的衣柜、书包和书柜，喜欢跟我一起听“整理不可以”节目。现在的他跟之前相比，真的是“士别三日，当刮目相看”。

小学四年级正是培养生活、学习能力的关键期。现在的天一会把每天都用的书包整理得非常好，并且用不同颜色的文件袋装不同的课程材料：蓝色袋子装英语课材料，黄色袋子装数学课材料，红色袋子装语文课材料……在天一这么做后没多久，老师就在班级群里发消息说让大家都准备好装不同课程

1/2

1 每个科目对应一个颜色，透明文件袋用来装上课用的课程材料，非透明的文件夹则用来装在家用的资料

2 对大一来说，整理书包非常容易，只需按照上课顺序把文件袋放入书包即可

△天一放学回家后的第一件事就是把书包里的文件袋拿出来放在置物架上对应的白色资料盒里

材料的文件袋，看来老师也觉得这是很好的方法呢！

天一放学回家后的第一件事就是把书包里的文件袋全都拿出来，放到置物架最上层对应的白色资料盒里，写哪科作业就拿出对应颜色的文件袋，写完作业再把第二天不用带到学校的资料（考过的卷子、检查过的作业纸）放到对应颜色的文件夹里。这些文件夹是专门放在家里的，方便他查看已经做过的内容、反思错题。

天一不仅把书包整理得井井有条，而且做起事来条理越来越清晰，他丢三落四的毛病终于被彻底改正，再也没有出现过收拾书包时找不到第二天要用的材料的问题，还多次受到老师的表扬。

有一天，我问天一："你现在为什么那么喜欢收拾书包啊？"他说："其实我也不知道怎么形容整理书包的神奇之处，但当我看到一个整洁的书包时，我顿时就觉得神清气爽，也有了马上学习的动力。”

我明显感觉到天一对自己的物品越来越“心中有数”，对自己的需求也越来越明确，买物品时还会考虑是不是自己真正想要的。

教孩子整理，不仅要让 Ta 知道如何管理好自己的物品和时间，还要让 Ta 了解自己的惯用脑、价值观等，真正做到以人为本地去规划适合 Ta 的方式方法。

父母的日常生活习惯和行为方式会通过耳濡目染的方式影响孩子，父母做好自己就是对孩子最好的教育。

我通过不断学习并建立良好的规划整理思维，营造适合孩子和家庭的整理收纳环境，身体力行地去影响天一。

以前的我从天一上学那天起就进入一种起早贪黑“打仗”的状态，而且总是发愁：天一写作业磨磨蹭蹭，没完没了地看电视、打游戏，如何才能让他有好的时间观念，高效安排学习、生活？

我在规划整理课上学到的知识又帮了我的忙。我决定让天一自己进行时间管理，试着规划自己的时间，高效做好每一天的大事小情。

我首先学着放手，把时间还给他。毕竟要想天一有自己管理时间的意识和方法，就得先让他有自己可管理的时间。

以前，天一的各种课外班都是由我来安排，他没有自己管理时间的意识和条件。后来，我把时间彻底交给了他，作业时间、阅读时间、娱乐时间、洗澡时间、睡觉时间……都由他自己安排，并让他自己选择上什么兴趣班。

天一把原来的钢琴课、绘画课、击剑课停掉，增加了足球课和羽毛球课，保留了数学课、英语课、作文课和机器人课。他说要想成绩好，数学课、英语课、作文课还是要上的，机器人课是他从 2 岁多就开始上的，而且一直很喜欢；钢琴课、绘画课、击剑课他不想上，所以直接换成自己感兴趣的足球课和羽毛球课。

自从天一“当家做主”后，我发现他的自主性比原来强了。原来的他会找出各种借口不去上兴趣班，即使去上课了，也不会认真学。现在，所有的课都是他自己选的，上课时他都特别认真地学。

可见，越能在时间上做主，做事就越有条理性，知道哪些事情必须在什么时间完成、哪些事情需要节制。他明白如果做不好，我们就无法放心地把

△天一制订了每周和每月计划，不仅写出重要的事情，而且设定了完成时间

时间交给他来管理。

现在的天一已经能够熟练地规划时间，每天写出重要的事情并设定完成时间（只要按时完成就可以得到积分，积分足够多时就可以得到奖品），做完重要的事情后还会安排自己感兴趣的事情。看着天一一点点成长、进步，我感到特别欣慰。

当然，在天一学会管理时间的过程中，我们大人为他做好良好示范也非常重要。

以前，我们做事不分轻重缓急、丢三落四，这种毛糙性子会在日常生活中影响天一的做事风格。比如，我做事总是拖延，直到最后一刻才惊叫“哎呀，我还有好多事没做”，我一直担心天一会从我这儿传染到无可救药的拖延症。

不过，现在的我经常说：“我今天要按计划把某事做完！”久而久之，天一做事的态度也积极、从容了许多。

学习规划整理之后，我能清晰地感觉到自己的生活井然有序。虽然我们还没有做到最好，但我和天一每一天都在成长，看到彼此一点点取得进步，没有比这更令人高兴的事了！

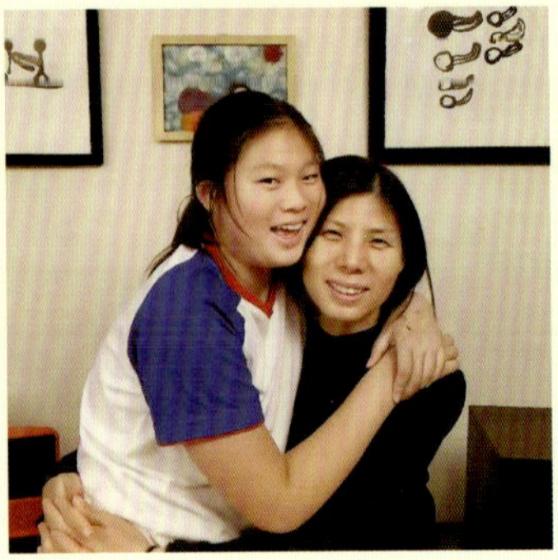

15 通过整理来培养亲子关系

在我的记忆中，我是跟着奶奶长大的，从小到大都和奶奶共用一个房间。奶奶是这个世界上最疼爱我的人，她会在南方寒冷的冬天里早早起床为上学的我做最爱吃的馄饨，会在我下晚自习回家的深夜留着灯等我，会在我害怕的时候陪伴我……奶奶给了我无私的爱与照顾，我非常爱奶奶、感激奶奶。

不过，当我成为妈妈、走上自我成长的道路时，我才发现我和奶奶的羁绊太深，奶奶在深爱我的同时也给了我同样多的包办与控制。当我夜里不愿意睡觉时，奶奶会吓唬我“屋后的沟里有癞蛤蟆，专门抓不睡觉的小孩”；夜深人静的时候，我会被奶奶的叹气和低泣吵醒，于是我在很小的时候就立下目标，将来一定要考上大学，好好照顾奶奶；当我有一点负面情绪时，生性压抑的奶奶只会给我讲道理……长大后，我考上了大学，来到了北京，迎来了迟来的叛逆。我还没有来得及好好照顾奶奶，奶奶就去世了。

达人：草心

规划整理师（Life Organizer®），获得日本生活规划整理师协会（JALO）和规划整理塾一级认证

规划整理塾三级认证课讲师

日本生活规划整理师协会（JALO）和规划整理塾认证亲子规划整理师

“斜杠中年”，做了 17 年关于“人的成长”的工作

居住城市：北京

居住面积：120 平方米

房屋户型：三室一厅

家庭成员：爸爸　妈妈　女儿家家

我的脑型：左左脑

孩子基本情况：10 岁　小学四年级　左右脑

成为妈妈之后，我不断地为拥有自己独立的人格而努力，而且希望家家也能有自己独立的人格。于是，我在生活中和家家“划清界限”，尊重她，让她有自主选择的机会，学会为自己的选择负责，当然，也包括给她一个独立的空间。

我的家是一个三室一厅的房子。

3 个房间大小不一，符合我们的需求：最大的房间是我和先生的卧室；第二大的房间是家家的卧室，让她有一个属于自己的独立空间；最小的房间是影音室，既可以让先生有专门的电子产品体验空间，又可以一家三口一起看电影。

大大的客厅是我们一家人待得最多的地方，是我们每天下班、放学之后增进亲子关系的主要场地。作为家人一起活动的公共空间，我们对客厅的需求是：集各种生活设施于一体，为共同生活提供便利，并促进家人和谐相处。

因此，我们把客厅划分为两大区域：

一个是以沙发为主的休闲区，主要承担 3 个功能——阅读、听音乐和玩耍。沙发旁边是占据一整面墙的落地书架，沙发对面是音箱和水族箱，中间就是我们和家家一起搭建积木、玩飞行棋、打扑克的大型游戏区。

另一个是以餐桌为主的生活区，主要承担 2 个功能——就餐、工作或学习。餐桌旁边是 2 个宜家架子，既是餐边柜，也是展示架，还是工作和学习用品的收纳架。

在我想要做亲子规划整理的时候，我发现家家已经 10 岁了。从幼儿园开始，她就在充满“爱与自由”的环境里成长，独立意识非常强。

3 年前，在规划自己未来的房间时，家家明确提出自己的 4 个需求：睡觉、换衣服、玩耍和学习。

2 年前，我们对家家约有 10 平方米的长方形卧室进行了空间划分：双层床放在远离房门、靠近窗户的地方；玩具架放在床的对面，中间一大块空地用来自由玩耍；衣柜放在床尾，靠近门口，方便取放；书桌放在衣柜的旁边，因为家家大多数时候都是在客厅写作业，只是偶尔在卧室里写写画画……总之，卧室里的所有物品都“靠边站”，留出了中间的活动空间，既让房间显得宽敞，也让行动路线更加顺畅。

2019 年上半年的一天，家家找来一张卡片，写上“请勿打扰，爸爸妈妈进来之前先敲门”后贴在了房门上。这说明家家已经进入青春期，独立意识更加强烈了。

对我而言，帮助家家养成独立整理的习惯、提升管理自己生活的能力，

1/2

1　客厅沙发休闲区承担 3 个功能：阅读、听音乐和玩耍

2　客厅餐桌生活区承担 2 个功能：就餐、工作或学习

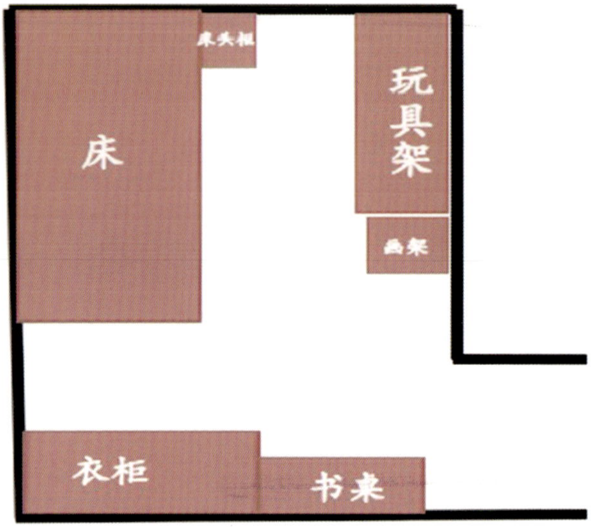

△家家卧室的空间规划图

比她的房间应该是什么样子更重要。因此，在进行亲子规划整理时，我会告诉自己：闭上嘴巴，信任孩子，让孩子自己来安排。我只在她需要帮助的时候递递东西；在她不耐烦的时候陪伴她，认可她按照自己的节奏来完成整理……

我的惯用脑型是左左脑，喜欢整理收纳，也能将学到的知识运用到实践中，按照计划一步步去完成。

家家的惯用脑型是左右脑，一方面，她很喜欢干净整洁的环境，在去外面旅游或者玩耍时对环境很重视；另一方面，她有明确的喜好：喜欢比较简单的分类方法，喜欢把物品放在一眼可见的地方，喜欢容易拿取和归位的收纳方式，有时喜欢随便扔东西……

因此，我给家家分享了适合左右脑型的收纳方式——展示式收纳。家家很喜欢这种方式，我们一拍即合。

在整理前，家家提出了明确的思路：按照衣柜区、学习区和游戏区3个区域划分，利用家里现有的收纳工具，为物品找一个“家”。

（1）衣柜区：除了内衣、泳衣、袜子、毛巾和床上用品，所有衣服都要挂起来，一打开柜门就能一览无余地展示在面前，很容易就找到要穿的衣服。

（2）学习区：在书桌上用一个木质收纳盒装常用的笔筒、文具、字典、便利贴和喜欢的音乐盒、沙漏。在书桌旁边的墙上安装宜家文件收纳盒，放入学习时需要用到的书和文件夹。

（3）游戏区：在玩具架上，毛绒玩具、乐高、课外书都被直接摆放出来，过家家玩具被装在一个前端透明的宜家布艺收纳盒里，另一个前端透明的布艺收纳盒则用来装家家所谓的“宝物”，还有一个盒子用来装家家收藏的各种橡皮。画架既展示了家家的画作，又方便家家随时画画。

此外，我给家家推荐了宜家带轮子的收纳箱，建议她用来放“暂时没有去处”的物品，而且在周末进行整理的时候，可以推着它去各处，既方便又有趣。家家很喜欢它，把它放在了书桌旁边。

对于那些要保留但暂时不用的物品，我们的方法是：贮存起来。我和家家一起将它们进行了大致分类，放入宜家布艺收纳盒内，摆在了客厅展示架的最下面两层。

在和家家做亲子整理前，我做了很多规划工作。这是我觉得一定要弄清楚的内容，因为它直接决定了后面的动手整理和收纳能否有效。

比如，在协助家家整理衣柜之前，我会按照以下流程来做规划工作。

首先，明确以下几点：

1 书桌上的木质收纳盒，用来收纳常用的学习用品

2 家家卧室的学习区：书桌 + 宜家文件收纳盒 + 带轮收纳箱

△家家卧室的游戏区：玩具收纳架、画架、地垫

（1）谁是需要整理的衣服的主人？

——孩子。

（2）对儿童物品做规划整理的目的是什么？

——方便孩子取用，培养孩子管理自己物品的意识与能力。

（3）妈妈在儿童物品规划整理中起什么作用？

——协助作用，在孩子需要时提供方法、给予帮助。

（4）孩子的基本情况和收纳喜好是什么？

——家家是10岁的女孩，惯用脑型是左右脑，喜欢环境干净有序，但不喜欢细致分类和收纳，也不喜欢叠衣服。

其次，与家家沟通后，一起对她的衣服进行整理。

在整理前，家家明确表示："我不喜欢的衣服，就都不要了。"这就包括她觉得小了的衣服、穿着不舒服的衣服。我完全尊重她的决定，因此，我们整理衣服的过程非常顺畅和迅速。

最后，对衣柜的空间进行重新规划和设计，对保留下来的衣服进行收纳。

第一步，划分各类衣物的收纳区域。

第二步，设计悬挂与直立折叠相结合的收纳方式。

第三步，利用收纳工具实施整理。

到此，一个不用换季重新整理、方便孩子取放衣物的儿童衣柜就打造完成了。最重要的是，家家增强了自我管理的意识与能力——衣柜里装着的都是家家自主决定留下来的衣物。比如，她不爱穿裙子，只想保留偶尔穿的儿

△家家的衣柜划分出各类衣物的收纳区域，采用悬挂与直立相结合的收纳方式

件裙子，我也没有试图说服她。

其实，家家有很多裙子，但她几乎没有穿过。她给出的理由是：“我每天都有体育课，穿裙子不方便。”“我更喜欢穿宽松、便于活动的衣服。”那么，问题就来了：

家家不喜欢穿裙子，为什么还会有这么多裙子呢？

——我买的。

为什么我要买这么多裙子呢？

——我觉得小女孩穿裙子很漂亮。

为什么家家不爱穿裙子，我还要继续给她买呢？

——因为我小时候家里比较贫困，没有新衣服穿，一直希望自己拥有很多漂亮的裙子。

除了裙子，很多衣服家家也很少穿。她说有的穿着不舒服，有的穿着不合适。那么，问题又来了：

为什么会有穿着不舒服、不合适的衣服呢？

——我买的。

为什么我要买这些不舒服、不合适的衣服呢？

——家家不喜欢逛街买衣服，这些衣服没有让家家试穿过就买回来了。

为什么家家没试穿，我就直接买回来呢？

——家家需要新衣服，可又不愿意逛街，我就只好代买了。

觉察到这些问题后，我首先找朋友聊天，释放自己压在心底的因为儿时没有漂亮裙子穿而积攒的难过与执念，然后和家家沟通，商量出避免买无用衣服的办法：

有时间的话，家家尽量和我一起去逛街，由她来挑选自己的衣服；她实在不想去逛街的话，我可以帮忙买衣服，但买回来后她必须尽早试穿，而且我不可以连续代买衣服。

经过亲子规划整理，我不仅对自己和家家有了进一步的认识，而且对亲子关系有了新的感悟：

我不应该把自己的意愿放到家家身上，必须更多地倾听家家的想法，让她学会管理自己。

而这，正是亲子规划整理的意义。

16 整理，任何时候开始都不晚

老实说，Stephen 的一些习惯让我非常头痛。比如，随手乱扔不归位，经常忘记物品在哪里，重复买很多物品，等等。于是，我成了他的“小叮当”，他只要叫一声“妈妈”，就能搞定一切。

不得不说，Stephen 的这些坏习惯往往将原本简单的自己找物品变成我们大吵一架。在筋疲力尽之后，我尝试跟他沟通，告诉他我想帮助他一起整理他的房间，这样我们就不会因为找不到物品闹得不欢而散。

我认为，亲子规划整理不仅是对物品进行整理收纳，而且最重要的是进行亲子沟通，没有什么比融洽的亲子关系更重要。在亲子规划整理过程中，一定要从孩子的角度考虑问题，尽可能地了解孩子的价值观和需求，协助孩子选择物品，但千万不能越俎代庖。

在一起整理的过程中，由于我更多地关注 Stephen 的内心感受，充分理

达人：王瑜

规划整理师（Life Organizer®），获得日本生活规划整理师协会（JALO）和规划整理塾一级认证

规划整理塾三级认证课讲师

日本生活规划整理师协会（JALO）和规划整理塾认证亲子规划整理师

倡导简单方便的整理和温馨快乐的生活

居住城市：苏州常熟

居住面积：120 平方米

房屋户型：四室一厅

家庭成员：爸爸　妈妈　儿子 Stephen

我的脑型：右右脑

孩子基本情况：12 岁　小学 6 年级　右右脑

解他对家深深的眷恋之情，我们的关系变得越来越好，从当初火星撞地球般的强烈对抗到现在的无话不谈。

从上小学开始，我就为 Stephen 准备了单独的房间，而且从墙纸到家具都是他自己选择的。

房间虽小，但五脏俱全，大致分为 3 个区域：以书桌为中心的学习区、几乎占据整个中心区域的玩乐区、以双层床为主体的休息区。

我希望能为 Stephen 营造良好的读书环境，因此，在不同区域都放置了书架。

空间规划并非一蹴而就，更不可能一帆风顺。

Stephen 还小的时候，每次问他“你想要什么样的房间”，他的回答总是“我要一个游乐场”。为了满足他这个小小的愿望，我给他买了一辆木制小拖车。他拖着小车游走于整个家，“游乐场”的区域自然就扩大了。

△以双层床为主体的休息区，上铺被 Stephen 改造成“飞船控制中心”

后来，随着年龄的增长，问 Stephen“你想要什么样的房间”时，他的回答变成了“不知道”，偶尔还会来一句：“妈妈，你看着办吧！你觉得怎么好就怎么弄。”一方面，他不愿意沟通；另一方面，他确实没考虑过这个问题，不知道怎么用语言来描述。

再后来，我尝试改变沟通方式，把问题变成“我们去选个柜子放玩具，你觉得怎么样？”“这里放个书架怎么样？”效果就特别好。

如今，再问 Stephen“你想要什么样的房间”，他就能清晰地说出自己的想法。

可见，耐着性子反复琢磨，才能发现孩子内心深处的真正需求。

Stephen 最近一次整理房间后，学习区里除了他喜爱的魔方和展示物品以外，没有放置任何玩具；玩具经过精心挑选后所剩不多，全部集中在玩乐区；书籍则根据阅读需求放在了不同的区域。

Stephen 特意将堆放杂物的双层床上铺清理干净，改造成“飞船控制中心”。一方面，堆放杂物实在不美观，影响心情；另一方面，可以打造成学习与娱乐并用的区域，做任何想做的事情，充分享受自由。他说在这样的高度上，掌控一切的感觉油然而生，做“船长”的感觉很赞！同时，这里也是他的“冷静区”，调节情绪全靠这一片小小的区域。

随着年龄的增长，Stephen 更喜欢待在自己的小天地里。因此，我没有在客厅给他留过多的“私人”区域，在征得他的同意后，仅留了一个小抽屉放他的一些小物品，方便他在客厅玩耍后及时归位。

△以书桌为中心的学习区和几乎占据整个中心区域的玩乐区

Stephen 有一架伴随他 9 年的乐高飞机。从飞机成型那一刻到现在，他一直不断地修改、升级、完善。不能拆、不能藏，随时随地都有可能要玩，乐高飞机就成了收纳难点。几经沟通，我们决定将飞机放在玄关，既增添了玄关的美感，也满足了他的需求——一进门就看见心爱之物，心情一定美美哒！

如今，Stephen 临近小学毕业，学习占据了他大量的时间，学习资料和学习用品急剧增加，而且种类繁多。

作为一个惯用脑型是右右脑的妈妈，我非常理解同样是右右脑的 Stephen 在做完大量作业以后还要整理物品是多么烦躁。

△乐高飞机既增添了玄关的美感，又满足了 Stephen 随时要玩的需求

△从“飞船控制中心”俯瞰学习区

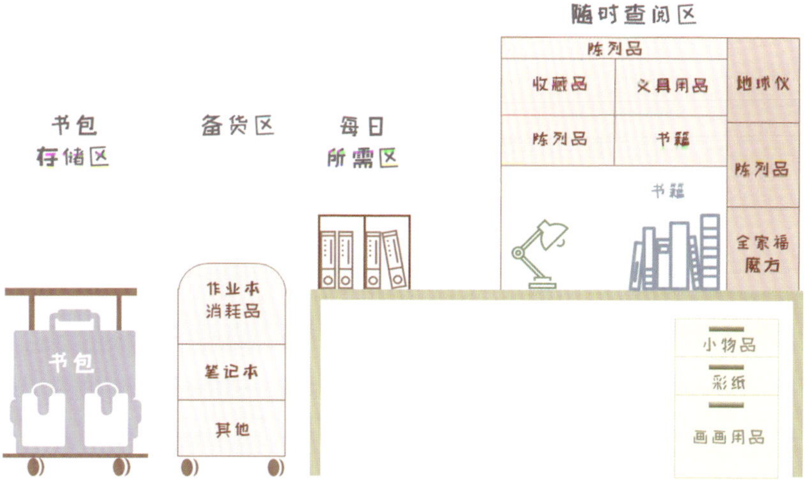

△学习区划分为 4 个区域：每日所需区、随时查阅区、备货区和书包存储区

△每日所需区用书立架进行收纳，既能分小类，又方便取放

于是，本着“能一步到位绝不分两步”的原则，我们决定进行规划整理。首先一起俯瞰整个学习区，并划分为 4 个区域——每日所需区、随时查阅区、备货区、书包存储区，然后将所有物品按照所属区域进行分类整理。

每日所需区内的物品并不多，就是一些字典、课本、课外作业、试卷、报纸和各类通知。需要说明的是，从学校带回家的作业要放进书包里，不属于每日所需物品。

每日所需区的收纳工具是书立架，既能分小类，又方便取放。使用书立架最直接且明显的效果就是，Stephen 每天都能自觉地整理好书桌，保持桌面整洁有序。书立架里的物品只需每个学期整理一次，工作量不是很大。

随时查阅区是书桌右侧的书架，收纳着阅读考级书、老师要求看的各类书籍和书法字帖等，以方便平时学习为主。和每日所需区一样，只需每个学期整理一次即可。

在整理时，Stephen 有一个非常显著的特点——爱说“万一”。作业本要多备着，各类笔都必须有，橡皮、尺子、墨水统统得留着……万一要用怎么办？总之，只有你想不到，没有他留不下的东西。

其实，除了作业本以外，Stephen 留下的其他物品都基本不会再用。不过，整理并非为了扔东西，既然他不愿意舍弃，那我只能先从改变收纳方式入手，之后再慢慢引导他进行物品取舍。

这么一来，Stephen 的“万一”就被分成了 4 类。

第一类是不常用的笔、尺子、橡皮等学习用品，都被存放在收纳盒中，

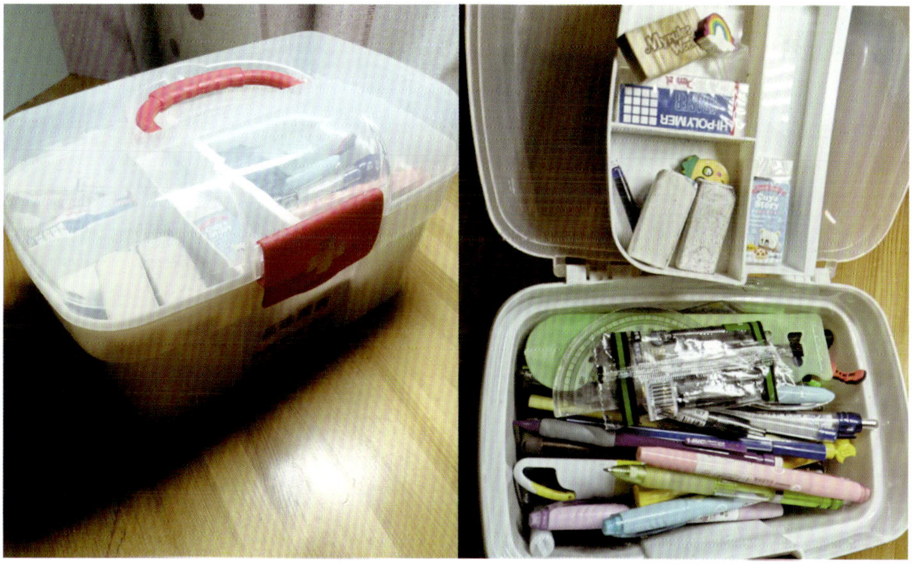

△为了让 Stephen 理解“万一”等于“不需要”，存放不常用的学习用品的收纳盒目前被放置在高处

目前放置在书桌右侧书架的最上层，占用了随时查阅区的一小部分空间。之所以放在高处，一方面是因为不用，另一方面是为了让 Stephen 理解“万一”在很大程度上等于“不需要”。

第二类是作业本、笔记本、草稿纸等纸质用品，都被直立存放于收纳盒中，放在书桌左侧的 3 层移动架子上。与书桌高度基本一致的移动架子是我为了增加收纳空间特意添置的。上层放置了使用频率较高的作业本，中间层放置了使用频率较低的笔记本和草稿纸。

第三类是外出需要携带的纸巾、湿巾、免洗洗手液、防晒霜和一些较为常用且体积较小的便笺本、便利贴等消耗品，都被存放在 3 层移动架子的上层外侧，以便整理书包时不会忘记。

第四类是包书皮等其他物品，由于使用频率最低，被存放在 3 层移动架子的底层。

备货区采用了开放式收纳，所有物品一目了然，既方便及时补充缺货，又防止重复购买物品。

Stephen 有很多书包，除了平时上课用的书包外，还有上各个课外补习班的专用书包。如果不固定一个存放地点，那就会在客厅的沙发上、椅子上或者房间的地板上见到散落一地的书包，分分钟就让人崩溃。

为了给书包们找一个舒适的“家”，我煞费苦心。在尝试各种方法都无效后，我的眼光放到了曾经巡游于家中各个角落的木制小拖车上。拖车曾经载着玩具满屋子跑，如今玩具不在，但 Stephen 对拖车的感情还在，何不拿来放书包呢？

1
—
2

1　备货区采用适合右右脑的“显眼”收纳方式

2　曾巡游于家中各个角落的木制小推车重出江湖，变身书包的“家”

这样的想法一出现，我立刻与 Stephen 商量，结果得到了他“大大的赞”。之后，拖车变身书包存储区，放在书桌左侧的备货区架子旁，每日都对书包成员们“迎来送往”。

要想与即将进入青春期的半大孩子相处融洽，前提就是不把他们当小孩，而要当成大人平等对待，指导他们做事时目标要明确、步骤要清晰。

因此，在与 Stephen 一起整理书籍的时候，我就直截了当地说明整理的步骤：清空—分类—筛选—收纳，并告知每一步需要他做什么以及我能帮助他做什么。

清空书柜时，Stephen 非常在意上面满满的灰尘，要求我先帮他清空物品，他自己则端来一盆水擦拭所有家具，一直擦到他满意为止。这一举动完全在我的意料之外，此前我多次要求他擦桌子可都是被无情地拒绝了呢！

对书籍进行分类时，我希望 Stephen 分成 3 类或 4 类，但他显得很为难。

△清空书柜时，Stephen 主动擦拭书柜中的灰尘

我说：“你可以分成看过的、没看过的、喜欢的、不喜欢的。”

Stephen 答：“我都喜欢！”

我问：“那你觉得怎么分类合适呢？开动你的小脑筋。”

Stephen 答：“我不会，你来吧！”

我说：“那我们分成这个学期要用的、看过的、没看过的？”

Stephen 答：“好。”

我之前从来没有教过 Stephen 怎么分类，他不会是正常的，我也不能操之过急。面对这个不喜欢舍弃的小家伙，我可是做好了一件物品都不扔的准备。

“哇！我已经看过这么多书啦！”在 Stephen 的一阵惊呼声中，我收回了思绪。

我开始引导 Stephen 对书籍进行筛选：“在没看过的书中，你再分一下想看的和不想看的；在看过的书中，你看能不能分成想保留的和可处理的？”

Stephen 一边筛选，一边告诉我每本书的故事。“这本是我最喜欢的书，看过好几遍了，一定要留着再看。”“这本是我小时候经常要你给我讲的《一直爱你，永远爱你》，不过我现在大了，不需要了。”“这本太 low 了吧！不要！”……

我一直埋怨 Stephen 不看书，没想到他对每一本书的内容都记得清清楚楚。看来，相比文具用品，他对书的决断力要好很多。最终，他淘汰了近 70 本书。

整理最艰难的部分——分类、筛选完成后，接下来的收纳就比较容易了。儿童房里的书架足够放 Stephen 的所有书籍，他只需要按照不同区域来分类摆放即可：这个学期要用的书，放到书桌右侧的书架上；睡前看的书，放到床边书架上；剩下的书，放入书柜。

Stephen 对床边书架上书的摆放位置和顺序有自己的想法：阅读频率较高的书，放在靠近枕边的位置；成套书籍，按照编号顺序排列……他还留出一个空间存放玩具，再次体现了“到处玩”的需求。

从清空到收纳，整个书籍整理过程花费了 3 小时。Stephen 毕竟还是孩子，3 小时中包含了很长的休息时间。书籍分类、筛选完成时，他一度表示太累、太辛苦，不想再干，各种负面情绪爆发。

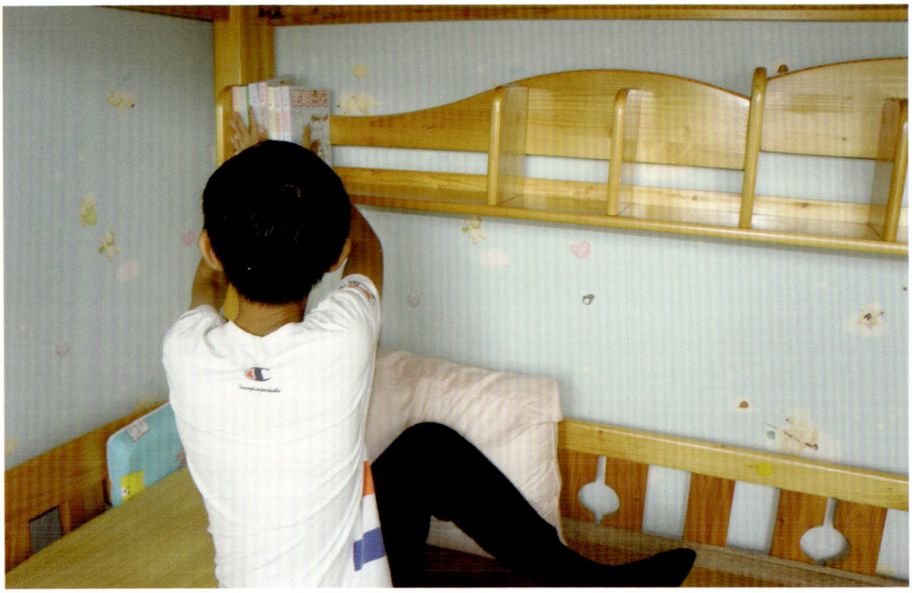

△Stephen 将阅读频率较高的书放在靠近枕边的床边书架上

△整理后的床边书架仍放有玩具，体现了 Stephen“到处玩”的需求

如果 Stephen 的年龄还小，我想我会在之后的收纳环节上全权代劳，但是他已经 12 岁了，除了整理，我更想让他明白劳动是辛苦的，任何目标的实现都是需要付出努力的。

于是，我选择暂停整理，直到 Stephen 恢复平静。等他休息好了，后续流程自然就顺畅了许多。

通过亲子规划整理，我看见了 Stephen 的另一面，理解了他的一些行为和想法。其实，Stephen 对整理从一开始的抗拒到后来的积极主动，不仅是习惯改变，更多的是内心改变。

如今的 Stephen 能够很好地规划自己的时间，非常清楚自己应该做什么，良好的学习习惯也逐渐养成。我终于不再为他担心，也深刻地感受到：整理，任何时候开始都不晚。

工具篇

亲子规划整理实践操作表

工欲善其事，必先利其器。

工具篇提供了协助孩子做规划整理的一些小工具，有的可以帮助孩子在整理之前厘清思路，有的可以测试孩子现在的整理水平，有的可以让你通过一个完整的流程来陪伴孩子完成整理。

希望你更多地采用游戏的方式，带着孩子边玩边“整”，寓教于乐。

01

头脑7问

●开发者：日本生活规划整理师协会（JALO）

●工具的目的：

通过对孩子提出7个问题，帮助孩子了解自己进行整理的目的，解决目前由空间、物品所带来的烦恼，在脑海里勾画出房间整理后的美好蓝图，了解自己的期待与现状之间的差距；将蓝图落在纸上，具体到开始执行的时间、场景、空间、步骤、所需时间等，将头脑里的构思进行可视化呈现。这也是整理行动开始之前的热身运动：整理思绪。

这个工具可以唤起孩子对整理的动力与信心，在整理过程中始终保持热情，最终达成自己的目标。同时，也能帮助家长更加了解孩子，更多地看到孩子的表现，听到孩子的想法，认识到孩子对整理空间、物品的理解，判断是否具备可行性。需要注意的是，无论孩子提出的方案是否可行，家长都应报以理解的态度，这就是给孩子最大的支持。

● 工具使用场景：

孩子有整理需求时；家长邀请孩子一同进行整理时。

● 工具使用方法：

（1）整理开始前，先问孩子以下 7 个问题，并让孩子用笔将答案记在纸上。如果是学龄前儿童，那就让孩子画出来。

问题 1：你希望自己的房间变成什么样呢？

问题 2：现在的房间是什么样的呢？

问题 3：为了完成目标，应该怎么做呢？

问题 4：应该从哪里入手进行整理呢？

问题 5：什么时候开始整理呢？

问题 6：什么时候需要完成整理呢？

问题 7：如果整理完成了，自己会是什么样的心情和感受呢？

（2）用写好或画好的头脑 7 问来对应进行规划、整理和收纳。

以下是 4 位规划整理师使用头脑 7 问的反馈，前两位是规划整理师孩子的回答，后两位是规划整理师自己的回答。

1. 女儿喵喵（7 岁，右左脑）+ 妈妈呼羽茜（右右脑）

问题 1	我希望我的房间变得更加漂亮、整洁和有序。
问题 2	我很喜欢现在的房子，如果可以更漂亮就太好了。
问题 3	应该定期清理自己的桌面并按时归类，比如可以将一些试卷放在一个固定的夹子里面，分别按语文、数学、英语和科学来收集，方便在考试前复习。桌子里面的物品也应该按照标签进行摆放，不然就会混在一起，需要寻找的时候就很麻烦。妈妈会教我如何整理，我在这方面做得不错。
问题 4	应该从最简单的文具、书本入手，因为这些是我最常使用的物品。
问题 5	每天写完作业后就可以进行一些随手整理，这也是为了第二天能够更好地学习。妈妈也会定期和我对房间进行一次全面的整理。
问题 6	每天完成桌面和书包的整理后，就会觉得一天结束了，可以好好睡一觉了。
问题 7	我会很开心、有成就感，妈妈经常夸我做得好。

2. 儿子瑞瑞（8 岁，左右脑）+ 妈妈 JENNY（左左脑）

问题 1	希望我的房间每一天都是干净的，并能维持整洁有序的状态。
问题 2	我对现在的房间不是很满意，因为时常会乱，一乱我就会很烦躁。
问题 3	我应该每天花些时间来整理，可以先从基本的卫生习惯做起，不在卧室里吃东西，见到果皮、纸屑及时扔进垃圾桶；多观察自己的行为习惯，物品用完后尽快放回原位；制作清单检查自己的整理成果。
问题 4	从学习桌开始整理，那里是我放学后待得最久的地方了。
问题 5	明天就可以开始。
问题 6	一周之内完成。
问题 7	整理完会很开心，很有成就感。同时也有一些伤感，因为为了整理付出了宝贵的时间，时间一去不复返。（妈妈问："为什么这么想？整理完还可以节省你的时间呢！"）这就是你的附加问题了，我可以不回答！

3. 妈妈纾瑶（左右脑）+ 儿子灿灿（5 岁，右左脑）、女儿暖暖（7 个月）

问题 1	希望孩子房间里的物品不要太多，房间功能齐全，家具方便孩子使用，物品收纳得当，实现孩子自己管理物品的目标。
问题 2	因为现在的房子是新装修的，所以在空间设置上基本实现了理想状态。希望入住一段时间后，也能够依照自己理想的方式使用。
问题 3	当初在设计儿童房时，我的第一价值观是环保安全，孩子的房间尽量少用木作定制，保留原有的家具。考虑到孩子的生活习惯和活动方式，我设置了齐全的功能区。孩子房间的功能主要是睡觉、玩耍、换衣，因此，在孩子的房间里有一张儿童床用来休息，有由原来的两组柜子改造而成的衣柜，还有孩子熟悉的玩具收纳柜用来放置喜欢的、常玩的玩具。
问题 4	根据功能类别逐一进行整理，先从孩子感兴趣的玩具、绘本入手，再到衣物，最后是学习用品。
问题 5	新居一定要在装修前进行规划设计，结合孩子的生活习惯，强化空间的使用便捷性。只有环境设置合理，才能实现孩子自己管理物品的目标。孩子的物品需要在搬家前进行筛选整理，搬家后则要与孩子一起构建并熟悉环境，对物品进行分类、定位、收纳、贴标签，帮助孩子养成日常使用习惯。
问题 6	入住后，家长需要细心观察是否有不适合、不方便孩子使用的规划设计并及时调整，同时要定期整理物品。
问题 7	整理完成后，如果孩子能够自己管理物品，具备了筛选分类的能力，养成了良好的行为习惯，那么孩子和家长都会感到轻松和愉悦。

4. 妈妈汤霖（右左脑）+ 女儿小仙女（9 岁，右左脑）

问题 1	我总觉得家里还有“累赘”物品影响着我们的生活，因此，我想让家中的物品再精简一些，生活也就能更轻松一些。
问题 2	我们家还算宽敞，活动空间挺大，居住环境也挺舒适。
问题 3	每个区域顺次“通关”吧，可以对各区域的物品再次进行地毯式筛选、取舍和定位。

续表

问题 4	首选杂物间，里面有一些比较久没有使用的物品，可以对这些物品进行筛查，确定物品存在却没有使用的原因以及是否可以将其流通，杂物间可以释放出多少空间以及如何利用或能否赋予适当的功能，等等。
问题 5	等孩子放寒假就可以着手进行啦！
问题 6	在农历新年前完成吧。
问题 7	整个家应该会更清爽、“好用”一些，幸福感也一定会有更大的提升，挺期待那个更美好的家。

02

孩子整理力等级测试表

● 开发者：Coco　辛晶　呼羽茜　草心

● 工具的目的：

测试整理前后孩子的整理力情况。

孩子的年龄不同，得分会有所不同。分数高低并不重要，关键是在学习整理后，让孩子看到自身的进步和成长。

对于学龄前儿童，家长应做好整理示范，让其在潜移默化中慢慢出成果。

● 工具使用场景：

家长和孩子一起做整理前后。

● 工具使用方法：

家长和孩子一起做题，符合条件的打√，记 1 分；不符合条件的打 ×，不计分。

孩子整理力等级测试表

序号	能力	是否具备
1	知道物品使用后要放回原处	□
2	知道自己的物品在什么位置	□
3	使用物品后会主动放回原处	□
4	会叠衣物	□
5	会准备第二天要穿的衣物	□
6	会把脏衣服放到脏衣篮里	□
7	知道如何整理书包和文具	□
8	日常整理书包和文件盒	□
9	会管理学习资料	□
10	会摆放餐具	□
11	会把用过的餐具放到水槽或洗碗机里	□
12	吃完饭后能帮忙倒垃圾、擦桌子	□
13	知道垃圾分类的4个种类	□
14	会按垃圾分类扔垃圾	□
15	日常维持房间的正常状态	□
16	会给物品做简单分类	□
17	会按照喜欢/不喜欢对物品进行简单筛选	□
18	会根据情况对不喜欢的物品进行处理	□
19	会规划自己的房间	□
20	外出时会自己收拾行李	□
21	知道什么时间该干什么事	□
22	会进行简单的时间管理	□

测试结果：
3分以上：整理小新手
6分以上：整理小达人
9分以上：整理小专家

03

亲子整理游戏

●开发者：荀子　乔木　Minnie　多么

●工具的目的：

让孩子在游戏中爱上整理、在趣味中享受整理，让家长与孩子都乐在其中。

家长时常对孩子说："赶紧去收拾好玩具！"但往往收效甚微——孩子觉得是在被动完成一项辛苦的任务。

如果把收拾变成游戏、把整理变成比赛，用孩子乐于接受和喜欢的玩乐方式来进行整理，那就会有意想不到的惊喜！

●工具使用场景：

选择家中某一处需要整理的空间（建议选择孩子的日常活动空间），开展具体的物品整理行动。

● 工具使用方法：

（1）建议每个游戏由 1~2 位家长引导和辅助孩子共同完成。

（2）11 个游戏覆盖了拿出、分类、收纳、检查等日常整理收纳环节，建议从单个环节入手，让孩子逐渐感受整理过程的趣味性与成就感。

（3）建议根据孩子的具体年龄、个人特性选择合适的游戏。

亲子整理游戏

项目	游戏名称		具体玩法
拿出物品	游戏 1	火眼金睛孙悟空	1. 爸爸、妈妈和孩子进行三人比赛，指定每个人要找的物品，比如爸爸找小火车，妈妈找毛绒玩具，孩子找乐高。 2. 规定一个时间段，谁在规定时间内先找到指定的物品，谁就是火眼金睛孙悟空。 游戏说明：可以由易到难，先以一个抽屉或柜子为寻找范围，然后逐渐增加难度，最后可将范围扩大到整个家。让孩子熟悉自己物品的摆放位置，并确认摆放位置是否方便取放。
	游戏 2	七拼八凑	1. 准备若干物品种类卡，参加游戏的人每人抽出一张卡。 2. 在 1 分钟内，参加游戏的人要找到所抽物品种类卡对应的物品。 3. 1 分钟到，参加游戏的人比拼找到的正确物品的件数。 4. 找到正确物品件数最多的人获得下一轮的优先抽卡权。 5. 最终找到正确物品件数最多的人可提出一个愿望让其他人实现。 游戏说明：根据参加游戏的人数来设定玩几轮，在游戏过程中要让孩子独立找物品，家长不能干预。让孩子熟悉自己物品的摆放位置及所属种类，增强物品分类意识。

续表

项目	游戏名称		具体玩法
进行分类	游戏 3	自由组合	1 准备一些颜色、形状不同的玩具。 2. 请孩子按自己的想法进行分类。 3. 请孩子说出自己的分类理由。 游戏说明：分类不要超过 4 类。引导孩子按自己的喜好为物品分类。如果是多人一起玩，孩子会发现别人的分类方式和自己的不一样，家长可以从中观察和了解孩子的思维习惯，从而为孩子规划出适合孩子特点的收纳系统。
	游戏 4	找朋友	1. 把颜色、形状不同的 3 个玩具分别放在 3 个不同的位置。 2. 请孩子从家里的其他位置为这 3 个玩具分别找朋友。 3. 请孩子说一说为什么它们是好朋友。 游戏说明：孩子的分类方式可能和大人的不一样，家长需要看到并接纳孩子独特的价值观和看问题的角度。
	游戏 5	找家人	1. 拿出 3 组成套玩具（如乐高），从每组玩具中取出一个零部件藏起来。 2. 请 3 个孩子分别为 3 组玩具找到“失散的家人”。 3. 计时，看谁找得又快又准。 游戏说明：引导孩子按套系来收纳玩具，强调“一家人要在一起”，增强孩子的物品分类、归位意识。
收纳物品	游戏 6	投篮比赛	1. 拿出毛绒玩具等柔软、轻质的物品。 2. 家长与孩子以投篮的方式分别把物品投入指定的收纳盒中。 3. 投中最多的人获胜。 游戏说明：为了让整理变得有趣，在玩乐中完成物品收纳，可以让获胜者站上冠军台（板凳），发表获奖感言，获得自己指定的奖品。

续表

项目	游戏名称		具体玩法
收纳物品	游戏7	谁先到家	1. 对需要归位的物品，家长以“XXX要回家啦！我们赶紧送它回去吧！”等有趣的语言带领孩子进行游戏。 2. 一位家长当裁判，在一首歌的时间内，另一位家长和孩子分别将不同种类的物品“送回家”。 3. 音乐结束时，谁负责的那一类物品最先归位，谁就获胜。 游戏说明：为了增强孩子的物品分类、归位意识，在游戏过程中，裁判可背对其他人或蒙上眼睛，用“我好想看看呀！”“现在谁最快呀？”等话语激励孩子。由孩子选定播放的歌曲，可以完整播放一曲，也可以由裁判自行决定播放时长，一旦停止播放，比赛就结束。
	游戏8	叠衣谣	1. 抖一抖，有精神（将晾晒后的衣服轻轻抖一抖，使之有型）。 2. 抹一抹，更平整（用手掌抹平衣服）。 3. 左一折，右一折（以领口为准分成3份，左右都向中间对折）。 4. 变成方块弯弯腰（将此时像一个方块的衣服上下对折）。 5. 卷起身子更可爱（从下至上卷起来）。 游戏说明：适用于需要折叠起来的衣物，以孩子容易记住的歌谣形式，帮助孩子在叠衣服时找到诀窍。
检查	游戏9	物品地图	1. 整理完成后，家长和孩子一起绘制一张物品地图，贴在经常看的、显眼的地方。 2. 每天临睡前，让孩子参考物品地图完成物品归位。 3. 家长根据物品地图抽查孩子的归位情况，每归位一个物品得1分，分数达到物品总数的一半，就给予奖励（小贴画等）。 游戏说明：在游戏过程中，可以让女孩施加魔法把玩具“变”回家，让男孩当小英雄护送玩具回家。

续表

项目	游戏名称		具体玩法
检查	游戏 10	我是组长	1. 根据家庭成员人数，把家里划分成相应数量的区域。 2. 每个家庭成员担任一个区域的组长，监督其他人将各自区域的物品归位。 3. 组长根据归位完成情况对其他人进行奖励或惩罚。 游戏说明：可以让孩子担任书桌组长、门厅组长等，负责物品相对较少、归位比较简单的区域。
头脑整理	游戏 11	理想的房间	1. 家长引导孩子画出自己理想中的房间，让孩子带着两个问题去画：我心目中的房间是什么样子？我希望每天在房间里做什么？ 2. 家长陪着孩子一边画画，一边讨论能否实现。 游戏说明：通过画画的形式让家长了解孩子对空间、物品的规划需求。比如，有的孩子需要在自己的房间放置玩具柜，有的孩子却喜欢把玩具柜放在公共区域。可以结合头脑3问，为亲子规划整理活动做好准备。

入门级别

△ 衣服的简单折叠法

04

21天亲子整理打卡步骤表

●开发者：洛辰　纾瑶　汤霖　王瑜　Jenny

●工具的目的：

将整理的大任务拆分成小步骤，帮助家长和孩子一起开展亲子规划整理活动。打卡让整理更有趣味性，吸引孩子主动参与。

●工具使用场景：

家长和孩子一起做整理；家长单独做整理；若孩子年龄在10岁以上，则可适当简化步骤，让孩子独立完成。

●工具使用方法：

（1）家长和孩子一起对照步骤表，每天完成一个亲子整理打卡。

（2）根据孩子年龄的不同，可以适当增加或减少家长协助的比例。

（3）做得不充分的步骤，可以适当重复几次，加深孩子的印象。

（4）请记住，最后的结果并不重要，重要的是孩子养成规划整理意识，充分参与整理行动。

21 天亲子整理打卡步骤表

天	目标	事项	具体做法	打卡
DAY1		启动仪式	1. 告诉孩子，我们要开始做一个每天打卡的小游戏。 2. 根据打卡任务，跟孩子一起绘制一张 21 天整理打卡任务表，让整理变成一件好玩的事情。 3. 既可以和孩子商量整理顺序，也可以根据我们提供的内容引导孩子自行制订计划。	绘制整理打卡任务表
DAY2		讨论	1. 和孩子一起感受现在的衣柜状态，问孩子：“衣柜乱不乱啊？你自己找衣服好找吗？” 2. 和孩子一起规划想要的衣柜状态，问孩子：“你喜欢什么样的衣柜呢？” 3. 和孩子一起拍摄整理前的照片。	拍摄整理前的照片
DAY3	衣物	学习分类	1. 和孩子一起手绘或使用贴画，让孩子认识衣物种类（比如：上衣、裤子、裙子、冬装、夏装、内衣、家居服、围巾、床品……）。 2. 把贴画或者手绘图案剪下来放在一起，让孩子根据穿衣习惯或者穿衣频次，想一想把什么类别的衣物放在一起会让自己容易记住且取放方便（比如：内衣、袜子放一起，薄、厚外套放一起，长、短裤子放一起……）。 3. 分类标准可以由孩子自己制定，家长适当引导即可。	完成衣物分类
DAY4		筛选大作战	1. 和孩子一起将所有衣物拿出来集中摆放，并进行挑选。 2. 将孩子不喜欢的衣物进行打包处理。 3. 将其他衣物按照分类标准放在衣橱内。	选出不要的衣服

续表

天	目标	事项	具体做法	打卡
DAY45	衣物	收纳	1. 对昨天按照分类标准放在衣橱内的衣物进行收纳。 2. 根据穿衣频次与衣柜高度的反比关系，为每类衣物找到固定的合适位置。尽量将当季常穿的衣物悬挂收纳，但要保证孩子能够自己取放。 3. 教给孩子符合其习惯的简单折叠法，选用合适的收纳工具进行分类放置并放在方便孩子取放的地方，最后和孩子一起按照类别为所有收纳好的衣物贴标签。 4. 和孩子一起拍摄整理后的照片。	拍摄整理后的照片，对比整理前后的照片
DAY46		熟悉＋练习	1. 熟悉新的衣橱布局。 2. 练习叠衣方法。 3. 使用一段时间后，若发现不合适、不方便的地方，可随时进行调整。	学会叠T恤
DAY47	书籍	商讨整理计划	1. 和孩子一起了解书籍现状（数量、类别、摆放位置）。 2. 和孩子一起确定阅读区域、学习区域（书房、儿童房，书柜、书桌）。 3. 和孩子讨论其阅读习惯（独立阅读、陪伴阅读）、阅读偏好（自然、科学、历史等）。 4. 和孩子一起拍摄整理前的照片。	拍摄整理前的照片
DAY48		清空与筛选	1. 将家中各处孩子的书籍全部集中在一起。 2. 根据是否适龄、是否破损、是否喜欢等，和孩子一起商定取舍标准，筛选出不打算留下的书。 3. 打包不要的书，等整理完毕再行处理。	选出不要的书

续表

天	目标	事项	具体做法	打卡
DAY9	书籍	多次分类	1. 和孩子一起对留下来的书籍进行细致的多次分类（比如，先分为教材、课外书，再将课外书分为已读完的、正在读的、未读过的）。 2. 引导孩子创建自己的分类方法。	完成书籍分类
DAY10		定位	1. 将分好类的书籍放到相应的区域（比如，将教材移至学习区，将课外书移至阅读区）。 2. 根据孩子的年龄、身高、喜好等情况，在合适的位置放置相应的书籍（比如，将超龄的书籍放在高处，需要用时再调换到方便取放的位置）。 3. 选用合适的收纳盒、文件夹、书立等收纳工具进行分类收纳（如有使用书签的习惯，可以就近增加书签收纳位置）。 4. 和孩子一起拍摄整理后的照片。	拍摄整理后的照片，对比整理前后的照片
DAY11		归位	1. 让孩子试用、熟悉书籍的“新家”，询问孩子取放书籍是否合理、方便。 2. 在书柜层板边沿贴标签，固定书籍的分类位置。 3. 和孩子一起制定书籍管理规则（比如，看完书要及时归位，下层的书看完后要与上层的书调换位置等）。 4. 和孩子一起商定书籍流通方式（转赠、低价出售、联系回收机构等）。	将看完的书及时归位
DAY12	玩具	观察现状	1. 有没有孩子独立的玩具区。 2. 玩具数量是否超出孩子的管理能力。 3. 孩子是否知道各类玩具的收纳地点。 4. 玩具收纳方式是否适合孩子。 5. 和孩子一起拍摄整理前的照片。	拍摄整理前的照片

续表

天	目标	事项	具体做法	打卡
DAY13	玩具	集中与分类	1. 将玩具全部集中后，让孩子确认各类玩具的数量。 2. 和孩子一起对玩具进行分类（比如，分为积木、汽车、乐高、玩偶等）。	完成玩具分类
DAY14		筛选	让孩子自己选出不要的玩具，家长适当引导即可。	选出不要的玩具
DAY15		收纳	根据孩子的玩耍习惯，和孩子一起将各类玩具放到对应的盒子、抽屉等收纳工具里。	拍摄整理后的照片，对比整理前后的照片
DAY16		归位	和孩子一起玩玩具，让孩子练习玩完之后把玩具送回“家”。	将玩过的玩具归位
DAY17	书包、文具	书包整理	1. 清一清：清空书包，和孩子一起确认清理出来的物品上学时是否需要。 2. 分一分：引导孩子将物品进行分类（比如，分为课本、笔记本、作业本/练习册、文具、考卷、其他等），要以孩子自己的分类方式为主，家长不要强加干涉。 3. 放一放：根据书包的结构和孩子的习惯摆放各类物品（比如，先将文具、其他用品放入外层或侧面小包，再将书籍、资料按照学科顺序放入大包，最后将需要上交的各科作业集中放在大包内层）。	拍摄整理前后的照片并进行对比

天	目标	事项	具体做法	打卡
DAY18	书包、文具	文具的筛选与分类	1. 清一清：和孩子一起将家中的文具全部取出，筛选出无法使用的进行处理。 2. 分一分：引导孩子进行多次分类（比如，先分为笔、橡皮、尺子等，再将笔细分为铅笔、钢笔、圆珠笔、彩笔、蜡笔等）。 3. 数一数：和孩子一起确认每类文具的数量，讨论数量是否合适，是否需要增加或舍弃。	拍摄整理前的照片，完成文具分类与筛选
DAY19		文具收纳	1. 找一找：让孩子为每个文具找个“家”，并画在图纸上。 2. 动一动：按照“文具的家”图纸进行收纳，尽量直立收纳所有文具，让孩子根据自己的习惯调整收纳方式。 3. 选一选：在收纳过程中，如果文具数量超出可收纳的空间，则可继续引导孩子做适当的取舍。	拍摄整理后的照片，对比整理前后的照片
DAY20		调整与总结	1. 调一调：询问孩子是否习惯使用整理后的书包和文具，是否需要调整。 2. 聊一聊：和孩子一起谈谈整理后的感受，鼓励孩子思考整理的必要性。 3. 约一约：将与孩子在整理过程中达成的共识制成约定表，引导孩子今后的行为。	制定约定表
DAY21		庆功仪式	1. 和孩子一起回顾打卡步骤表，聊一聊整理过程中的想法和整理之后的感受，可以写下经验与期望。 2. 结合具体的物品整理结果表扬孩子，增强孩子整理物品的成就感和责任感，引导孩子主动管理自己的物品。 3. 准备奖品，最好是孩子一直想要的物品。	表扬孩子，送出奖品